Nuire à la bêtise

Jean-Pierre Chopin

Nuire à la bêtise

L'Harmattan

Du même auteur

D'une voix discordante, L'Harmattan, 2014
Ces jours qui nous semblent vides…, L'Harmattan, 2009
Mensonges très ordinaires (théâtre), Editions Bénévent, 2008
Faire bien l'homme, La Lettre volée, 1995
Paul Valéry, l'espoir dans la crise, Presses universitaires de Nancy, 1992
Topologie du salaud, Bernard Barrault, 1985

5-7, rue de l'Ecole-Polytechnique, 75005 Paris

http://www.editions-harmattan.fr

ISBN : 978-2-343-12697-5
EAN : 9782343126975

à Christine,
à mes enfants

« Les hommes sont faits les uns pour les autres :
instruis- les, ou supporte-les »
Marc Aurèle, Pensées, VIII

AU LECTEUR

Il y a maintenant quelques années je publiai un essai intitulé *Topologie du salaud* qui tentait de montrer qu'on ne naît pas salaud, mais qu'on peut tous le devenir pour échapper au doute et à l'inquiétude ; que le salaud, ce n'est pas l'autre, c'est toi ou moi si on baisse la garde.

Ce nouvel ouvrage est un peu son pendant. C'est un essai de prophylaxie afin de prévenir le mal, une sorte de petit manuel de l'anti-salaud. Je n'ai pas la prétention de te proposer ici une panacée ni un traité philosophique de « haute graisse », mais un petit bréviaire pour « ignorants studieux » qui ne détestent pas sortir des évidences comme on aime à prendre l'air pour entrer à nouveau, mais heureux du dérangement.

I – SORTIR POUR ENTRER

Le miroir de Socrate

J'aime le tableau de Pier Francesco Mola représentant « Socrate enseignant aux enfants ». Ce vieux sage a posé devant ses jeunes disciples un miroir qu'il tient de la main gauche. Il est là, le visage grave et le regard paisible, la main droite pleine de « sévère douceur ». Il semble leur expliquer avec bienveillance et simplicité ce que veut dire réfléchir.

Les enfants sont comme fascinés et étonnés de découvrir leur image comme pour la première fois. C'est cela réfléchir. C'est prendre une distance avec celui que nous sommes et s'étonner de ce qui nous paraît évident dans la vie quotidienne et qui pourtant ne l'est pas. Qui suis-je ? semble se demander chacun de ces jeunes philosophes en herbe. S'ils s'arrêtent de vivre pour se regarder vivre, ce n'est pas pour le simple plaisir d'admirer leur image, ni même préférer cette image à ce qu'ils sont en réalité comme le Narcisse de la fable ; non, c'est pour mieux sortir de l'évidence, pour ne plus être dupes de ce qu'ils voyaient du monde, pour ne plus ignorer tout ce qui a contribué à les construire.

Ils découvrent sans bien le réaliser encore que nous vivons inévitablement dans un reflet limité de la réalité et qu'il y a toujours un au-delà de ce miroir ; qu'ils ne sont que le produit d'un temps, d'un lieu, d'une circonstance et cela va les aider à conjurer et l'orgueil imbécile et la honte inutile de ce qu'ils sont aujourd'hui.

Au fond, ils apprennent à SORTIR ; à sortir d'eux –mêmes pour y ENTRER à nouveau tout à l'heure, mais avec le bonheur de celui qui recouvre la vue.

Réfléchir, c'est être renvoyé à soi pour comprendre d'où on tient ce que l'on est et pourquoi on pense ce que l'on pense. Si j'aime ce tableau de Pier Francesco Mola c'est qu'il illustre le plaisir et le bénéfice de la réflexion qui fait de moi sinon un animal raisonnable, tout au moins un « roseau pensant », un homme tout simplement.

Penser pour quoi faire ?

« Ce qui manque le plus à nos villes, ce sont des « pensoirs » silencieux et spacieux ... »

Nietzsche, *Le gai savoir*

Tout le monde pense ! Plus ou moins - j'en conviens – Mais tu vois, encore faut-il distinguer la pensée qui calcule de la pensée qui médite.

La pensée calculante caractérise l'humain que nous sommes qui n'obéit pas seulement à des réflexes. Dès qu'une situation est nouvelle, dès que nous avons à résoudre une difficulté, nous calculons, nous nous organisons en fonction des contraintes que la réalité plus ou moins concrète nous impose. Elle est non seulement nécessaire pour la vie courante et d'ordre pratique, mais elle est aussi à l'origine de nos plus belles réalisations et de nos progrès techniques. Cette pensée qui calcule ne s'arrête jamais, au point même que nous l'exerçons inconsciemment, j'allais dire sans y penser. C'est en ce sens que l'on peut dire sans doute un peu rapidement que tout le monde pense. Mais « nous pensons trop vite, et en chemin, en pleine marche, au milieu d'affaires de toutes sortes, même quand c'est aux choses les plus graves…Tout se passe, disait Nietzsche, comme si nous avions dans la tête une machine qui tournât incessamment et qui poursuivît son travail jusque dans les pires circonstances. »

Au contraire, la pensée méditante ne sert a priori à rien dans l'expédition des affaires courantes. C'est une pensée qui ne vise pas la résolution d'un obstacle concret ; elle semble « flotter au-dessus de la réalité » immédiate et même perdre « le contact avec le sol » nous précise le philosophe Heidegger. Il arrive même qu'elle se confonde avec l'imagination, avec des représentations mentales, des « fantaisies » comme on les appelait joliment au siècle de Montaigne. Il lui faut du calme et elle ne peut se manifester qu'en dehors de toute urgence.

C'est en cela qu'elle peut être soit méprisée, soit dénoncée comme un luxe ou un privilège. Or, si un privilège est contestable par sa situation de privilège, il ne l'est pas nécessairement par sa nature et son bénéfice. Un bénéfice dont on peut rêver qu'il s'étende au plus grand nombre.

Il y a quelque chose de solennel dans celui qui réfléchit ; « son visage se compose comme il le fait dans la prière » (Nietzsche). La pensée méditante est celle qui s'interroge sur le sens, sur l'origine et la finalité, le pourquoi des choses, l'éventualité de leur existence ou de leur inexistence. Elle pose des questions sur la mort, la vie, l'amour, sur les causes premières et dernières, sur le bien et le mal, elle cherche à lier le présent au passé comme à l'avenir, elle envisage toujours des caps et des horizons plus lointains, bref, elle nous place dans un dehors quand la respiration instantanée nous impose un dedans. Tu conviendras que cette pensée-là s'exerce à la fois avec moins de facilité et moins spontanément. En effet il n'est pas nécessaire de méditer pour vivre. On peut tout à fait vivre sans cette particularité proprement humaine. On peut même avancer que ce mode de pensée-là peut devenir une gêne puisqu'il a pour propriété de nous rendre moins compétitifs aux jeux de notre caverne, de nous retirer davantage que de nous faire entrer dans la situation qui demande, depuis toujours et de plus en plus avec l'accélération du monde, une réponse rapide et efficace.

Cette façon de penser peut sembler aller contre la vie puisqu'elle invite à s'abstraire, à s'arrêter, là où tout demande qu'on avance, à douter, là où il faudrait affirmer. On pourrait même à son égard s'amuser à renverser le fameux cogito cartésien en disant : « Je pense donc je ne suis pas ». Elle peut encombrer et même se retourner contre celui qui la pratique trop exclusivement. La pensée méditante, pour le dire, peut alors non seulement nous égarer, mais nous ronger comme le ver dans le fruit et nous détruire.

Au commencement est le verbe

En effet, le propre de notre pensée est qu'elle est peu dissociable du langage et peut donc créer des problèmes qui ne sont que des abus de langage. La plupart de nos questions métaphysiques, de nos croyances, de nos peurs, de nos espoirs, de nos amours se construisent par le biais du langage. A moins d'avoir atteint le stade ultime de la contemplation bouddhiste - qui est censée restituer une présence immédiate au monde au-delà de la pensée conceptuelle - nous pensons avec des mots, même dans notre silence intérieur. Je sais que tu as du mal à l'admettre, et pourtant.

Il suffit de laisser ton esprit vacant, de regarder dans le vague ou au contraire de fixer un objet pour t'apercevoir que ton esprit se met à tricoter un canevas plus ou moins confus de pensées enchevêtrées qui s'entrechoquent, s'autofécondent in vitro et font se chevaucher le passé proche ou lointain avec un futur imaginaire. Et cela se fait suivant une logique qui emprunte à la logique du langage. Le chinois pense et rêve en chinois, le russe en russe, l'espagnol en espagnol, l'arabe en arabe. La pensée épouse la grammaire et constitue dans chaque culture toute une littérature qui modèle notre rapport au monde comme notre imaginaire et nous finissons inévitablement par vivre davantage dans « l'expression des choses » que dans les choses. Que veux-tu, nous sommes de grands bavards ! C'est sans doute une défense contre le grand mutisme de l'univers. Confrontés au « silence des espaces infinis » on devient naturellement ventriloque. Mais passons !

Un supplément d'âme

Dès que l'on médite, certes on sort du présent immédiat mais on introduit aussi une perspective face à la réalité. C'est comme si la pensée méditante offrait une épaisseur, une direction à l'absurde platitude du vécu, mais c'est une épaisseur immatérielle qui produit du sens.

Du sens ! Voilà un curieux supplément dont les plantes et les animaux ne semblent pas avoir besoin. Je dis ne semblent pas, car nous ignorons ce que c'est que d'être une plante et ce que peuvent ressentir les animaux. Néanmoins disons qu'ils semblent vivre l'absurde avec cette « tendre indifférence » du personnage de Meursault dans *l'Etranger* de Camus…

Je sens que le mot absurde te gêne. Mais en réalité il n'a rien d'effrayant ou de négatif. C'est nous qui l'avons banni de notre monde comme un pestiféré. Et ce fameux « sens » dont nous avons fait un besoin nous encombre parfois bien plus qu'il ne nous facilite la vie. Les animaux, eux, sont dans l'immanence, dirait un philosophe, quand nous, nous demandons et sécrétons de la transcendance. Voilà pour les gros mots !

Pour le dire plus simplement, nous avons besoin de buts, de directions, de nous inscrire dans une relation de cause à effet, car une cause sans effet nous lasse et nous démotive comme d'ailleurs des effets sans cause nous laissent insatisfaits. Dès que la moindre action témoigne d'un cycle, d'un « retour du même » ou d'un recommencement perpétuel, nous avons du mal à l'accomplir et à l'accepter, nous la vivons comme la punition de Sisyphe condamné à remonter éternellement son rocher ou celle des Danaïdes condamnées à remplir des tonneaux sans fond.

Paradoxalement il faudrait peut-être avoir beaucoup médité pour que notre esprit soit si bien à l'écoute du monde que notre raison devienne une simple résonance de ce qui demande à être, pour agir sans autre finalité que de nous inscrire dans l'ordre silencieux de la nature. « Vivre à propos » selon l'expression de l'homme des *Essais*, le présent en somme, nous est bien difficile sinon impossible pour la plupart sans le recours à ce qui vient d'être, à ce qui va être ou pourrait être, c'est-à-dire sans le recours à ce qui n'existe que dans notre tête.

Notre pensée, bien loin des cycles naturels comme le rythme des saisons, les battements du cœur et des paupières, invente donc ce qu'on appelle le Temps, un temps linéaire et fléché qui n'est pas dans la nature où seul le présent existe comme un perpétuel « maintenant ».

C'est ainsi ; autant accepter ce supplément qui peut aussi bien nous servir que nous desservir.

Entre Charybde et Scylla

Pour revenir à mon propos, le risque de notre pensée est donc de congédier le réel quotidien partagé avec nos semblables, de nous faire nous échapper hors du monde pour ne plus avoir à l'affronter.

Si elle permet une SORTIE salutaire, comme celle qui est indiquée dans les lieux publics pour échapper au danger de l'enfermement, elle peut aussi devenir une sortie définitive pour ne pas revenir. C'est le risque encouru par les rêveurs de tout bord qui font usage de leur faculté de penser pour ne rien faire, pour fuir une « réalité qui n'est pas sœur du rêve ».

La pensée qui médite peut aussi succomber à la tentation de Narcisse et se soûler d'elle-même jusqu'à se perdre dans un jeu infini de miroirs. Je songe au Monsieur Teste de Paul Valéry « ce maître cerveau sur un homme perché », ce « monstre intellectuel » qui, ne pouvant plus adhérer à quoi que ce soit déclare : « *Je suis étant, et me voyant ; me voyant me voir, et ainsi de suite...* » Tu perçois l'ironie tragique ! D'ailleurs, je te conseille un truc : s'il t'arrive parfois de trop te regarder vivre et que tu as du mal à coller à la situation concrète, tu peux t'amuser à te répéter cette phrase, ne serait-ce que pour te moquer de toi-même !... Tu dois te demander où je veux en venir ?

Eh bien à ceci : deux écueils menacent notre humanité : d'une part, quand la réalité n'est plus pensée et d'autre part, quand la pensée est une fuite. Pour tirer avantage de ce qui fait notre particularité de « roseau pensant » il s'agirait plutôt d'utiliser notre pensée pour sortir, certes, mais afin d'entrer à nouveau dans le partage conventionnel, mais cette fois plus richement, plus souplement, sans sectarisme. C'est d'ailleurs la vertu du voyage qui force au détachement et permet de « limer notre cervelle sur celle d'autrui » (Montaigne). Car toute « sortie » physique ou spirituelle, te permettra de dévoiler une nouvelle manière de voir et de considérer le monde. Un monde dont la forme dépend de ton regard et qui n'attend que toi.

Si sortir en pensée peut aboutir à un bavardage stérile, entrer à nouveau, c'est alors agir pour transformer le monde, pour « changer la vie » comme en rêvait notre poète aux « semelles de vent ». Or ce qui différencie l'homme de l'animal n'est pas simplement la raison, mais l'action. Si la pensée fait l'homme, l'homme se fait en faisant. La noblesse de la pensée est d'être une action différée.

Car, à quoi bon penser si c'est pour moins bien vivre notre contingence avec l'autre comme avec soi. Il en est qui se sont laissés séduire par la pensée au point de refuser, de nier même leur vie sociale et terrestre dans des postures spirituelles et des attentes monastiques pour les plus pacifiques, quand d'autres plus fanatiques cherchent toutes les formes de suicide pour n'être plus au monde.

J'entends à nouveau les commentaires ! Quand les ventres sont vides ou que le corps tiraille et tenaille, inviter à penser n'est-il pas un luxe déplacé ? J'en conviens aisément ; « Primum vivere, deinde philosophari », comme dit l'adage ! Je mesure combien l'engagement solidaire d'hommes et de femmes de bonne volonté, combien toutes les actions sociales et humanitaires sont des urgences qui peuvent rendre bien secondaire une croisade qui veut convertir au bénéfice de la réflexion. Mais à l'inverse, tu conviendras que lorsque les ventres sont trop pleins et que règne le consumérisme, demander de réfléchir est malheureusement perçu comme une ascèse tout aussi déplacée.

Comme l'explosion technologique a donné une importance capitale à la vie matérielle au point de nous rendre dépendants et pressés, la pensée qui médite a été largement supplantée par la pensée qui calcule. La patience du « pourquoi » est devenue obsolète sous la tyrannie impatiente du « comment », du rentable et du mesurable. Car la pensée qui calcule vise le maximum de maîtrise et le minimum de dépense d'énergie ; elle est par essence économique et l'économie ne fait pas bon ménage avec la méditation.

Enlisée dans le matérialisme jusqu'à l'obésité, la pensée calculante qui est la plus répandue évacue de plus en plus la pensée qui médite, et notre monde de la réussite purement technique finit par se regarder avec autosatisfaction dans un miroir qu'il traverse de moins en moins.

Pourtant, et c'est là que je voulais en venir, traverser le miroir en relativisant notre vision du monde qui n'est jamais qu'un reflet changeant et changeable est une belle habitude qui peut se prendre dès l'enfance comme chez la petite Alice de Lewis Carroll.

Sortir régulièrement en pensée comme en acte de nos évidences et de nos conventions pour puiser des enrichissements possibles, pour déranger nos « idées fixes », pour dégonfler nos certitudes de baudruche, mais sortir pour mieux revenir, c'est-à-dire mieux agir et mieux vivre ensemble notre contingence. Une contingence à la fois nécessaire mais infiniment renouvelable à l'image des plantes vivaces, du déploiement biologique ou de la mer qui se retire pour mieux revenir et dont l'énergie de ses vagues conjugue le couple paradoxal : déconstruction – reconstruction.

« Nuire à la bêtise »

Au-delà des siècles, des sexes, des classes et des frontières, la Bêtise est comme une hydre sans visage qui toujours trouve refuge dans l'antre de la secte, c'est un mal qui se renouvelle constamment et semble même parfois augmenter en proportion des efforts faits pour le détruire.

Dans le dictionnaire on me dit que l'hydre est un petit polype commun dans les eaux douces et stagnantes et qui a un très haut pouvoir de régénération. Cette information m'inspire et corrobore la métaphore comme le génie pédagogique des légendes anciennes.

La Bêtise serait semblable à ce monstre dévorant, ce serpent du marais de Lerne de la mythologie qu'Héraclès se devait de combattre. Il serait donc bien présomptueux de prétendre abattre ses nombreuses têtes qui repoussent aussitôt après qu'on les a coupées.

Mais j'aime à croire qu'une espérance est possible dans le désir infiniment renouvelé d'élargir la sphère des pensants – puisque comme l'affirmait Descartes « le bon sens est la chose du monde la mieux partagée » c'est-à-dire que chacun porte en soi la possibilité de « lever les yeux vers la lumière » comme l'écrivait Platon dans sa *République,* de sortir de la caverne, comme on sort de ses aliénations – et cela afin que le plus grand nombre soit disponible aux lueurs d'un soleil qui détruise par le feu les têtes de l'hydre comme dans la légende, de donner au plus grand nombre la force d'un Héraclès mental pour qu'il étouffe, lui aussi, dès son berceau, les serpents prêts à le dévorer.

C'est pourquoi j'ose ici prendre le risque avec toi lecteur de défier le grand Flaubert qui notait avec ironie dans son *Dictionnaire des idées reçues* : « Penser. – Pénible ; les choses qui nous y forcent sont généralement délaissées ».

« Sors pour entrer »

« La pensée ne doit pas avoir d'autre chez-soi que tout l'univers »

Alain

J'aperçois ton rictus et tes yeux froncés en lisant cette devise. J'en conviens, elle a de quoi étonner. En effet elle peut sembler paradoxale sinon absurde. Ordinairement si on sort c'est pour sortir, si on entre c'est pour entrer. Mais je sens que tu devines déjà qu'il ne faut pas entendre cette invitation au sens premier, mais comme un geste mental et métaphorique. Tu devines déjà qu'il s'agit d'une invitation à sortir de tes habitudes, de tes préjugés culturels et sociaux, de tes certitudes, et tu as raison, et je pourrais m'arrêter là.

Mais à dire la vérité, cette formule paradoxale mérite qu'on la développe, qu'on l'approfondisse et surtout qu'on la complète. Pardon ! J'allais oublier de te dire d'où je tiens cette curieuse devise. En réalité elle vient d'un grand esprit du XXème siècle, Paul Valéry.

Je ne veux pas t'ennuyer avec sa biographie, mais sache que son œuvre publiée déjà très conséquente n'est que la partie visible de l'iceberg. Certains se souviennent surtout de son célèbre poème du *Cimetière marin* ou de sa *Jeune Parque* pour les plus lettrés, de ses multiples *regards sur le monde actuel,* ou de son fameux *Monsieur*

Teste. Mais imagine que pendant cinquante ans de sa vie, tous les matins entre 4 et 8 heures, « entre la lampe et le soleil » comme il disait, il a rempli 261 cahiers de recherches et de réflexions éparses, plus de 30 000 pages sur tous les sujets scientifiques, philosophiques, linguistiques, parsemés de croquis, de dessins, et cette mine d'or n'a été découverte et publiée en partie que très tardivement. Des spécialistes, aujourd'hui encore, travaillent à rendre accessible et à publier progressivement cet immense terreau qui fertilise la pensée.

Il lui arrivait aussi d'imaginer des œuvres qu'il n'a pas eu le temps d'accomplir et qu'il a appelées : *Histoires brisées.*

Parmi ces histoires interrompues et à peine ébauchées, il en est une qui s'intitule *: l'île Xiphos.*

On ne sait pourquoi il lui a donné le nom de cette courte épée grecque à double tranchant. C'est une île imaginaire qui serait le dernier fragment du monde qui a précédé le nôtre, une île rêvée comme a pu l'être l'Atlantide pour Platon. On raconte que les êtres étaient doux, sans préjugés, silencieux, loin des bavardages, c'étaient des « silentiaires » comme il les appelle, opposés à tout épanchement.

Paul Valéry va même jusqu'à préciser qu'il y avait sur cette île des « menticures » qui étaient au langage et à l'esprit ce que les manucures sont aux mains ; et le matin *« tandis que les manucures taillaient et polissaient les ongles des personnes soigneuses de leur corps, les menticures les interrogeaient et les entretenaient en subtilité et en élégance de la pensée et du discours. Ils apprenaient à prononcer, à user des timbres de la voix, à s'abstenir des termes vulgaires ou très abstraits, à former des phrases complètes...* » Ça fait rêver, non ?

« Pour que soit ce qui est »

Sur cette île, dit Paul Valéry, il y avait une inscription sur l'une des portes, une devise : « *Pour que soit ce qui est* » selon lui mal traduite par : « *Sors pour entrer* » et Valéry ajoute entre parenthèses une sorte d'explication que je trouve lumineuse pour apprendre à penser :

« Remets-toi à ignorer ce que tu sais pour savoir comment tu le savais et savoir ton savoir ».

Relis cette phrase plusieurs fois afin de passer outre ce que tu pourrais prendre pour un simple jeu de mots. Prends ton temps, et tu verras combien elle est riche d'enseignement pour sortir de ce que j'appelle les « pensées - perroquets ». Si tu le permets, je vais t'aider à y voir plus clair.

Cette invitation vise à nous efforcer de déconstruire notre savoir sur toute chose pour comprendre la généalogie de ce savoir, c'est-à-dire comment les choses en sont venues à nous paraître ce qu'elles sont, et cela afin de ne pas considérer ce qui nous apparaît comme une évidence non questionnée, allant de soi. L'animal qui sait réagir et répondre à la réalité d'une façon réflexe n'a pas cette capacité à prendre de la distance face à sa situation.

Il sait, pourrait-on dire, sans savoir ce qu'il sait. Sans cette opération de distanciation analytique nous ne nous distinguons que peu du régime animal. On peut savoir la faim, le chaud, le loin, le danger mais sans en analyser ni le pourquoi ni le comment ni les conséquences.

« Savoir son savoir » n'est donc pas un doublon gratuit mais une formule qui signe cette conscience seconde, l'acte de connaissance qui est propre à l'homme et non aux perroquets.

Cette devise invite donc à une gymnastique mentale, à un jogging intellectuel qu'il faudrait s'efforcer de pratiquer joyeusement et régulièrement afin de continuer à nous étonner, à nous émerveiller aussi, et ne pas risquer l'ankylose.

Eloge du « Si »

Dans la vie courante nous vivons inévitablement sur des évidences, des croyances acceptées. On ne remet pas en question à chaque instant que le ciel est au-dessus de nos têtes, que les couleurs du monde existent et cela est nécessaire pour vivre au quotidien. Nous respirons un air conditionné par le filtre de conventions, d'habitudes, d'héritages culturels sans en prendre conscience et nous finissons par prendre pour une réalité objective ce qui n'est que le produit de notre perception conditionnée. Comme le dit Montaigne « *nous humons la coutume avec le lait de notre naissance* ». Bien sûr, on ne peut pas être sans un conditionnement qui constitue et se confond avec notre être lui-même. Je ne peux être de nulle part, sans appartenance à un pays, à une culture, à un langage qui me déterminent et en tout premier lieu sans être dépendant de ma condition physique.

Pour simplifier, je suis inévitablement soumis à deux types de conditionnements : celui de mon corps, de mes sens, de mon accident génétique en somme, et celui de mon esprit, de mon entendement, de mon accident culturel. Ces deux déterminismes, bien sûr, sont inconstants et peuvent à la fois varier tout au long de notre vie mais aussi interférer entre eux, puisque le dialogue du corps et de l'esprit est inaliénable et permanent.

Si j'étais daltonien, aveugle ou sourd et muet ou brutalement amnésique, ma perception comme ma conception du monde seraient différentes.

Si j'étais né à tel endroit, dans tel pays, à une autre époque, dans une autre culture, une autre classe sociale, ce qui me semble évident, comme allant de soi, ne le serait pas.

Je devine que tu souris à ces suppositions étranges. « Avec des si » penses-tu, on referait le monde. Tu ne crois pas si bien dire. Cette conjonction est un variateur infini, c'est la plus belle arme de notre esprit ; celle des hypothèses qui nous forcent à ne pas considérer ce qui est comme une nécessité définitive et sans condition. C'est l'arme des chercheurs, des scientifiques, des poètes et des rêveurs d'Amérique, des aventuriers de l'espace et du temps qui élargissent notre image en ne cessant de traverser le miroir.

Ce « si », c'est la marque de l'homme qui échappe à l'automate, c'est la brèche qui ouvre la caverne des prisonniers de Platon. Il faudrait apprendre aux enfants à ne pas l'oublier. Car l'enfant pratique spontanément cet art du « si ». Et puis les contraintes et les urgences de la vie finissent par évacuer les rêves et les hypothèses au profit de ce qu'on appelle le « réalisme » qui n'est trop souvent qu'une capitulation, une paresse déguisée en sagesse. Il devient un adulte qui a oublié que rien ne va de soi mais que tout va de nous.

Ce que nous appelons « le réel » est un mot suspect que l'on ne devrait jamais laisser sortir « qu'entre des guillemets comme entre deux gendarmes ».

Au contraire, le « si » est une clé qui ouvre le « champ des possibles », une école buissonnière qui nous force à « sortir » des autoroutes et des chemins tout tracés, non pas pour jouer les originaux, ou pour nous opposer par principe, mais pour « entrer » à nouveau dans notre appartenance, dans le partage collectif, mais cette fois sans risque d'être sectaires, disposés à nous émerveiller de ce qui avait disparu sous le vernis de l'habitude.

Mais je sens que tu commences à décrocher, à me trouver trop abstrait. Alors je vais tenter de te donner quelques exemples.

Quelques exemples

Je n'insiste pas sur des suppositions que tu devines sans peine comme le fait d'être aveugle, sourd et muet, grand, petit, qui nous rappellent que les sensations et les qualités que nous attribuons aux choses ne sont pas dans les objets eux-mêmes mais dans ce que notre constitution nous en propose.

Je passe sur le daltonien qui nous démontre que le rouge et le vert n'existent pas en soi mais par une décomposition particulière de la lumière opérée par la structure de l'œil. Un stroboscope te rappelle que l'œil ne perçoit qu'une certaine fréquence lumineuse, et que l'on peut donc transformer, ralentir ou accélérer la « réalité », et que cette particularité a permis l'illusion du 7ème art. Ce qui est lourd pour l'un ne l'est pas pour l'autre et sera différent et variera selon notre humeur du jour et la situation. Sur la lune le poids devient plume. L'eau est un fluide selon toi mais tu sais aussi qu'elle peut devenir solide selon la température ou la vitesse à laquelle tu la rencontres.

Si je me déplaçais physiquement à la vitesse de la lumière, ma rétine ne percevrait les choses et les êtres qu'après les avoir rencontrés, une fois qu'ils ne seraient plus là. C'est ainsi que l'étoile éteinte depuis longtemps peut encore briller pour nos yeux. Ce n'est pas que nos sens nous trompent, c'est qu'ils nous dessinent uniquement ce qu'ils sont aptes à recevoir comme impression et que la lumière, qui n'est qu'un déplacement de photons, a besoin de temps pour parcourir le grand espace qui nous sépare des étoiles.

Un son, par exemple, existe pour nous mais n'existe pas en soi, puisqu'il n'est que la transformation d'une certaine vibration par notre appareil auditif interprétée par notre cerveau. Selon l'appareil que j'utilise, un mouvement de particules peut donc devenir un son, une couleur ou même une courbe visualisable avec un oscillographe cathodique. Ce dont témoigne par exemple l'invention de nos radios et de nos écrans de télévision. Au fond, le propre de notre constitution est de transformer « un rien de défini » en « quelque chose » pour nous. On ne perçoit pas les milliers d'ondes qui nous traversent, mais nos appareils électroniques les font exister. Ce qui revient à dire que nous percevons ce qui n'existerait pas sans nous, et que bien des choses pourraient exister pour nous, si nous avions l'appareil pour les constituer.

Je pourrais prendre mille exemples si je ne craignais de te lasser. Mais tu dois commencer à comprendre le sens de la devise de l'île Xiphos : *« Pour que soit ce qui est »* ; en effet, il y a tout un ensemble de conditionnements imperceptibles qui font que ce qui te paraît évident et allant de soi, pourrait tout aussi bien être autre, et tu le devines assez bien quand tu envisages certains animaux pour qui les ultra-sons existent ou qui se déplacent la nuit quand toi tu n'entends et ne vois rien.

Et la mémoire !

J'oubliais la mémoire ! Que serions-nous sans elle ? Quand tu crois toucher un objet, en réalité, tu touches un souvenir plus que la chose elle-même. Imagine – je sais que tu vas me reprocher encore ma pratique du « Si » - Mais imagine par exemple qu'à la place de cette poignée de porte que je touche à présent sans m'étonner, tu aies voulu me jouer un tour en la remplaçant par un objet similaire mais d'une consistance molle et bien différente. Au moment où ma main la toucherait afin d'ouvrir la porte, j'aurais un réflexe répulsif, sinon de peur, parce que la sensation de la poignée attendue et enregistrée comme une empreinte dans mon cerveau ne correspondrait pas à la sensation présente. Je serais face à un objet non identifié, c'est-à-dire qui n'est pas identique au souvenir d'un même objet déjà rencontré. Ce qui montre que sans le savoir, je vivais tant dans l'habitude et le souvenir d'une poignée de porte que ce n'est pas seulement cette poignée-là que je prenais pour ouvrir, mais le souvenir des sensations laissées comme une empreinte dans mon « disque dur », c'est-à-dire dans mon cerveau.

Quand tu y penses, pour s'étonner à nouveau des choses et des êtres que tu finis par ne plus voir à force de les côtoyer, il suffit de les placer dans une situation différente, inattendue ou insolite. Rencontrer une poignée de porte en plein désert nous la ferait soudainement percevoir autrement et pour un peu nous lui trouverions un intérêt esthétique. C'est d'ailleurs ce que certains artistes ont compris et ont essayé. Je pense aux peintres surréalistes qui, pour nous forcer à « sortir » de nos aveuglements quotidiens sur les choses, se sont évertués à les placer dans des situations inattendues. Ils ont tenté de créer un « sentir » et un « voir » nouveaux, soit en déplaçant les objets de leur fonction ou de leurs situations habituelles, soit en les associant de façon incongrue. La fameuse « *rencontre fortuite sur une table de dissection d'une machine à coudre et d'un parapluie* » de Lautréamont.

Les poètes surréalistes ont fait la même chose avec le langage afin de revitaliser non seulement l'expression mais la vision du monde en retrouvant cet émerveillement de l'enfance que nous avons perdu en ne voyant plus la terre « bleue comme une orange ».

Un mot, un objet, un être, placés dans une situation ou une relation décalée nous obligent à sortir de nos conforts plein de lassitudes qui finissent par nous faire croire que la réalité est définitivement fixée alors qu'elle est simplement prisonnière de la convention. Au moment où je te parle, il me revient en mémoire le fameux film de Jamie Uys, *les dieux sont tombés sur la tête*, que je te conseille de voir ou de revoir.

Une grille « phénoménale »

Permets-moi de recourir à une dernière image pour te dire comment les choses en viennent à être ce qu'elles sont pour nous.

Imagine que ton corps, comme ton esprit sont comme une grille, une sorte de filtre, de passoire percée de trous face à un monde mystérieux qui est un peu comme une pâte à modeler, une pâte moléculaire indifférenciée ; ces trous qui constituent la structure de cette grille, disons que ce sont tes sens et ton esprit - tu me pardonneras cette image un peu triviale - Si on applique cette grille comme un moule sur la pâte à modeler informe, on constitue une certaine forme, une certaine « réalité ». Tu peux d'ailleurs concevoir que plus nous percerons de trous dans notre grille, plus nous aurons de perméabilité, plus nous aurons une « réalité » nuancée et subtile. Plus la grille de ton esprit comme de tes sens sera élaborée, plus elle te dessinera un monde aux riches couleurs. Une grille minimaliste, à la structure pauvre, va constituer une « réalité » pauvre et sans grandes distinctions. A grille différente, « réalité » différente. Bien sûr, aucune grille ne peut prétendre donner la forme définitive et absolue, aucune grille ne peut prétendre à la vérité de cette grande pâte à modeler de l'énigme du monde.

Mais comme nous avons majoritairement à peu près la même « grille », nous avons l'illusion que la « réalité » que nous vivons et partageons, que cette forme de la pâte moulée par la structure de notre « grille » existe en dehors de nous, comme objectivement.

En fait, cette « réalité » n'est qu'un rêve collectif, et nous prenons pour fous ceux qui, n'ayant pas la même grille pour mille raisons, ne vivent pas ce que nous vivons, ne sentent pas ce que nous sentons, ne pensent pas ce que nous pensons.

La folie ?

A partir de là tu peux comprendre combien il est finalement difficile, voire impossible, de définir la folie comme une pure déraison, une perte de contact avec la « réalité », puisque ce qu'on appelle « réalité » n'est toujours que ce que nous en proposent nos sens et notre esprit. Le schizophrène, ne vit pas la même réalité que nous. Il a simplement le tort et le malheur d'être différent de la majorité. D'une certaine manière on peut aller jusqu'à dire que ce qu'on appelle « la raison » n'est qu'un « délire majoritaire » quand ce qu'on taxe de folie n'est qu'un « délire minoritaire ». Revenir à la raison, c'est retrouver le miroir commun. Le paranoïaque interprète différemment les faits et se sent réellement agressé, persécuté, mais sa crainte est augmentée par la souffrance de ne pouvoir partager avec autrui.

Tu sais bien que la seule manière que nous ayons de nous rassurer sur le bien fondé de ce que l'on voit est de demander l'approbation à son voisin pour être bien sûr qu'il ne s'agit pas d'une hallucination. « Dis, tu vois ce que je vois ? » (En langage philosophique, on appelle cela « l'intersubjectivité » qui tente de pallier l'inaccessible objectivité du « réel »).

En effet quand bien même nous serions mille à voir et à penser la même chose, cela n'attesterait pas de la certitude objective du fait. Pourtant, celui qui viendrait contester cette perception collective serait jugé comme un fou ou un illuminé ou encore, dans le meilleur des cas, et bien des années plus tard, comme un génie. Les grandes découvertes et les avancées en tout domaine sont souvent le fait de ceux qui sont sortis du miroir et du reflet collectif.

C'est sans doute aussi ce que voulait signifier Rimbaud quand il notait à propos des poètes : « nous ne sommes pas au monde ». Je sais que les choses sont cliniquement plus complexes que ce que je résume ici à propos de la folie, mais le principe reste important à rappeler.

Le fou est dérangeant car il nous impose de sortir de notre confort mental, il nous rappelle que le vrai « Réel » n'existe pas ou plutôt est inimaginable. Il nous force donc à douter, et c'est pourquoi, pendant longtemps il fallait le condamner, le brûler comme un esprit du diable ou l'enfermer dans un asile. Aujourd'hui, il est soigné dans des établissements spécialisés pour l'éventuel danger qu'il représente pour lui-même comme pour la société, mais aussi et surtout pour tenter de soulager la souffrance que peut ressentir celui qui ne peut partager avec personne ce qu'il sent, vit ou pense, comme l'exprime le célèbre tableau du *désespéré* de Gustave Courbet ou encore le tableau intitulé *le cri* du peintre Munch.

Imagine ta panique quand tu te trouves dans un monde que tu ne comprends pas, c'est-à-dire dont la forme et le sens ne sont pas partageables avec qui que ce soit ! Car comprendre, c'est « prendre avec », c'est-à-dire avec des codes, des conventions apprises et héritées de la tradition culturelle que l'on partage avec les autres. Ce dont témoigne là encore avec humour, le film *les dieux sont tombés sur la tête !* On ne comprend pas l'inédit, le non-identifié, c'est-à-dire ce qui ne peut être rapproché de ce qui a déjà eu lieu et a marqué de son empreinte notre cerveau. Une empreinte qui agit comme une matrice préalable pour rencontrer et reconnaître le réel un peu comme un moule s'emboîterait sur les choses.

Le fou, lui, est seul dans son rêve qui devient nécessairement un cauchemar.

Si la psychose est si terrible et nous fait peur, c'est en partie parce qu'elle nous rappelle que nous vivons sans le savoir devant un miroir qui nous renvoie une image partageable et donc rassurante du monde. Le psychotique nous impose de considérer qu'il y a toujours un autre côté du miroir. Certains le traversent par hasard ou à l'occasion d'un traumatisme et n'en reviennent plus, quand il s'agirait simplement de savoir sortir régulièrement de ce reflet pour y entrer à nouveau afin d' enrichir les contours de notre psyché.

L'éducation ?

Pour reprendre mon image triviale de la grille, éduquer un être, c'est comme percer un certains nombre de trous selon une structure semblable à la nôtre qui, tel un moule, va lui permettre de se constituer une « réalité » semblable à la nôtre.

Il y a dans l'éducation qui permet de transmettre et de partager notre perception des choses une façon de nous rassurer sur l'étrangeté du monde qui reste entière. Le nourrisson qui découvre le monde ne perçoit pas ce que nous percevons ; il est comme un aveugle-né qui recouvre la vue. Il est hors de nos champs de représentations et a ce regard interrogateur et étonné et parfois plein d'effroi.

Eduquer, c'est sans doute lui apporter un certain nombre de repères et de réponses qui apaisent ses peurs, mais c'est aussi inévitablement exercer une certaine violence qui va le contraindre à « entrer » dans notre miroir, dans nos schémas en lui « formatant » sa grille. L'enfant, au départ est un poète involontaire, un surréaliste d'origine qui combine et mélange ce que nous avons distingué, séparé, classé. Il dira par exemple en automne que l'arbre « perd ses cheveux ». Nous le corrigerons en lui apprenant qu'il s'agit de feuilles et non de cheveux et nous assassinerons sans le vouloir le Rimbaud en herbe qu'il était peut-être sans le savoir.

Plus tard, afin de retrouver cette perception innocente et naïve, pour « sortir » de l'épuisement du monde et de la lassitude, il lui faudra tenter de déconstruire ses habitudes afin d'enrichir sa palette, la grille constitutive de son horizon. Qu'il soit chercheur scientifique, aventurier, artiste ou poète il devra combattre les peurs, les préjugés, et les conforts pour tenter des « sorties » fécondantes. C'est à cette fin que le poète de Charleville tentera de se faire *« Voyant par un long, immense et raisonné dérèglement de tous les sens ».* Dérégler en somme la grille constituée par son corps et son esprit, par son éducation, « s'encrapuler le plus possible » comme il dit, afin d'échapper au déjà vu, au déjà dit, de sentir autrement pour arriver à l'inconnu, pour sortir de l'oubli ce qui est en sommeil, ce qui est encore inouï.

Tu peux donc concevoir que si tu étais né à un autre endroit, dans une autre culture, à une autre époque, dans une autre classe sociale, ce qui te semble évident, naturel, ne le serait pas. Tes notions de goût et de dégoût, de bien et de mal, de beau ou de laid sont relatives à un conditionnement inévitable. C'est pourquoi d'ailleurs on ne devrait pas dire « tous les goûts sont dans la nature » mais tous les goûts sont dans la culture !

Le langage ?

Même l'apprentissage du langage conditionne ton rapport au monde. Pour un oriental par exemple, il existe plusieurs noms pour une même chose selon sa situation. Un arrosoir posé sur une étagère ne se désignera pas de la même manière qu'un arrosoir à la main du jardinier. Pour nous, Robert fermant la porte ou ne faisant rien de particulier reste toujours le même Robert. Notre grammaire sépare le sujet du verbe et du complément et nous entraîne insidieusement à penser qu'un être peut exister en tant que sujet, indépendamment des actes et des situations, ce qui est impossible pour un oriental. Pour ce dernier il y a le « Robert - fermant - la - porte » qui est différent du « Robert - portant - un - arrosoir ». Un être pour lui ne se définit que par l'action et la situation. Là où nous ne possédons qu'un signifiant pour signifier, qu'un vocable pour « dé-finir », c'est-à-dire tracer les frontières d'un être ou d'une chose, l'oriental en possède une grande quantité, ce qui rend difficile pour nous l'apprentissage de leur langue et nos traductions scabreuses.

C'est pourquoi il est bon de se rappeler régulièrement que nous sommes le produit d'un temps, d'un lieu, d'une circonstance, et que, comme le disait ce grand humaniste hollandais Erasme « on ne naît pas homme, on le devient ». Que ce que nous appelons le « réel », tu le vois, est bien suspect puisqu'il n'est qu'une constitution non pas partielle, mais partiale de ce qui reste une grande Enigme au-delà de notre miroir.

En termes philosophiques dont j'ai décidé de ne pas abuser, on pourrait dire que nous venons de faire de la « phénoménologie » ; que la pâte à modeler informe et mystérieuse du monde, on la nomme selon les philosophes le « Noumène » ou « l'En soi » et que je n'ai affaire dans ma pauvre vie qu'à ce qu'on appelle le « phénomène » ou le « Pour soi », c'est-à-dire le produit de la fameuse grille percée des trous que sont à la fois mes sens et mon entendement.

Sans doute comprends-tu mieux la devise de l'île Xiphos « *Pour que soit ce qui est* » mais surtout l'invitation à ce que j'appellerais avec Nietzsche une « naïveté instrumentale » ; cette feinte philosophique qui est de faire l'effort de se « remettre à ignorer ce que l'on sait » – ou plutôt que l'on croit savoir par habitude – « pour savoir comment », c'est-à-dire par quel procédé nous savions le rouge, le vert, le loin, le près, le beau, le laid, le bien, le mal et donc ne plus être dupe de notre savoir très relatif et nécessairement conditionné, et que c'est cela « savoir son savoir ».

Tu as eu la patience de me lire jusque là, mais je devine la question qui te brûle les lèvres. Tu te demandes à quoi peut bien servir de « se remettre à ignorer ce que l'on sait », de se dire que le rouge et le vert n'existent pas en soi, que le « réel » n'est qu'un rêve collectif et que la porte que je me prends pourtant dans la figure n'est pas plus réelle que moi-même ?

Sortir pour quoi faire ?

Cette devise « sors pour entrer » n'invite pas à sortir à jamais du miroir collectif, à sortir du partage de la grille commune. Elle invite, certes à une déconstruction de nos évidences, mais sous la forme d'un petit exercice intellectuel qui fait prendre l'air à nos habitudes, à nos « pensées-perroquet » qui peuvent sentir le renfermé, et à nous enrichir au contact d'autres grilles. Elle suggère d'accomplir ce mouvement de recul, de distanciation, de changement d'axe qui évite l'enferment fanatique et narcissique dans le reflet de notre psyché.

Encore une fois, il ne s'agit pas de « sortir » avec ce nihilisme assassin qui veut orgueilleusement n'être de nulle part, sans code ni convention comme un dieu apatride, mais de n'être réellement digne d' « entrer », c'est-à-dire de jouer le jeu conventionnel et contingent, que si je suis capable de sortir ; « sortir pour entrer », c'est échapper à la fois à une sortie définitive et orgueilleuse d'un côté et au conformisme sectaire de l'autre, à tout communautarisme, à toute grégarité. C'est tenter de trouver la juste mesure entre le cœur et la raison, entre l'attachement à mon héritage culturel, à l'amour de ma patrie et la conscience plus universelle du caractère fortuit de mon appartenance. J'aime à me souvenir de cette pensée de Montesquieu : «*Si je savais une chose utile à ma nation qui fût ruineuse à une autre, je ne la proposerais pas à mon prince, parce que je suis homme avant d'être français, ou bien parce que je suis nécessairement homme et que je ne suis français que par hasard.*

Si je savais quelque chose qui me fût utile et qui fût préjudiciable à ma famille, je la rejetterais de mon esprit. Si je savais quelque chose utile à ma famille et qui ne le fût pas à ma patrie, je chercherais à l'oublier. Si je savais quelque chose utile à ma patrie et qui fût préjudiciable à l'Europe, ou bien qui fût utile à l'Europe et préjudiciable au genre humain, je la regarderais comme un crime ».

Pour prendre un exemple plus trivial et malheureusement trop répandu, si le hasard m'a fait naître à Saint Germain plutôt qu'à Marseille ou à Turin et que j'en reste conscient, je peux être attaché à l'équipe de St Germain, mais ne pas devenir injuste ou obscurément fanatique au point de tuer pour un pénalty de trop. Comme le dit René Char « la perte du croyant, c'est de rencontrer son église » ou tout au moins de croire la rencontrer.

Par bêtise, par paresse et par peur, la folie fanatique veut oublier le caractère accidentel, contingent de l'existence parce qu'il est plus facile et rassurant de penser que tout est nécessaire, que notre appartenance à une terre et une culture ne pouvait être autre.

Le fameux « si j'étais » est un vertige assuré ; et pourtant, c'est lui qui peut maintenir l'esprit en éveil, c'est lui qui offre en même temps que le doute, l'émerveillement retrouvé face au grand mystère de la vie.

C'est pourquoi, je me suis mis à rêver, moi aussi d'une île Xiphos. Une île où l'on pratiquerait régulièrement quelques exercices de gymnastique mentale qui nous obligent à « sortir pour entrer ». En vérité j'ai rêvé toute ma vie de cette île ; toute ma vie j'ai œuvré pour elle et puis, comme le soir survient nécessairement, j'ai éprouvé le besoin d'évoquer sa devise, un peu comme on jette une bouteille à la mer pour inviter à ce double mouvement qui maintient l'esprit en forme et l'émerveillement de l'aurore.

« Le Navire-Esprit »

Une métaphore me vient pour te parler de cette liberté de l'esprit dont j'ai rêvé pour mon île. C'est celle de l'activité d'un port qui offre un dialogue entre le fini et l'infini de la mer, la fixité et le mouvement, l'ordre et le désordre.

Nos conventions, nos coutumes, nos règles, nos lois sont des mises en ordre arbitraires, un peu comme les digues d'un port qui permettent cette accalmie d'un univers apaisé et organisé afin que les hommes puissent se reposer, échanger, édifier, vivre ensemble tout simplement.

Le port est un mode d'agencement nécessaire à nos vies limitées, mais cette mise en ordre, cette architectonique ne doit jamais faire oublier la mer. La mer nous offre l'image de la vie qui est mouvement, interdépendance de tous les éléments qui sont en relation avec la lune elle-même. La mer est baroque, c'est-à-dire changement, désordre, paradoxe, non-identité quand le port est classique, c'est-à-dire ordre, fixité, prévisibilité, régularité. La mer est un mystère irréductible qui attire au large comme un risque et invite au voyage de l'esprit et du corps. C'est pourquoi il est bon de sortir de nos ports comme de nos codes et de nos repères atificiellement créés afin de distendre nos amarres, de les changer ou de les faire évoluer sans jamais les diviniser ni les fétichiser. C'est en sortant du port que le marin se forme et peut alors entrer à nouveau, libéré des fausses croyances, des crispations dérisoires, mais heureux de retrouver le phare qui rassure et évite le naufrage.

Les véritables marins, qui aiment sortir mais aussi rentrer au port, sont pour moi une allégorie de cette liberté de l'esprit qui aime à se nettoyer des habitudes, des préjugés, des « idées fixes » dans les embruns des vagues successives afin de rentrer comme lavés et vivre alors les attaches et les mythes collectifs du port de façon assainie et non fanatique ou sectaire.

Cette liberté de l'esprit est cette capacité à relativiser régulièrement les élaborations conventionnelles et les ancrages des hommes face à l'infini des possibles qui sourd dans le mouvement universel de la pensée comme de la mer.

Mais il serait aussi dangereux de fixer définitivement nos amarres en refusant de sortir de notre port d'attache, par paresse ou par peur du grand large, comme des autres ports, que de ne jamais vouloir entrer dans aucun port, certes contingent et conventionnel, mais qui évite l'impuissance et la noyade en haute mer, et permet modestement d'agir, de construire, de respirer un air complice en partageant une grammaire commune et temporaire jusqu'à la prochaine sortie.

Le Navire-Esprit n'oublie jamais que la vie n'est qu'une escale fortuite, qu'il existe bien d'autres rives, même s'il s'est attaché à la sienne parce que malgré tout le cœur a ses raisons, c'est pourquoi, il aime sortir pour entrer.

La chasse aux perroquets

> *« Le ciel de l'esprit est surtout plein de perroquets. Il faut d'abord tuer ceux-là...Et puis, apprivoiser les autres »*
> Paul Valéry *L'Idée fixe*

L'enfant a besoin de croire que la gentille fée est belle et que la méchante sorcière est laide. Il a besoin de se représenter le monde sous la forme d'oppositions claires, de principes antagonistes inconciliables. Cet esprit qu'on appelle manichéen a besoin d'opposer les forces du bien aux forces du mal, l'ordre au désordre, l'égoïsme à la générosité, comme on oppose naturellement le jour à la nuit, la vie à la mort.

Tu peux imaginer la perturbation de son esprit lorsqu'il lui arrive de découvrir qu'un démon peut se dissimuler sous la tête d'un ange ou que derrière la bête gît une belle âme. Cette déconvenue est pourtant une première étape de sa maturation, mais chaque fois qu'il se sent menacé ou fragilisé, il a besoin de revenir à ce réflexe rassurant de l'enfance qui sépare et qui classe les choses et les êtres dans des catégories étanches.

L'enfance de l'homme comme de l'humanité éprouve le besoin de mettre de l'ordre dans le chaos du cosmos où tout se mêle et se confond dans une « ténébreuse et profonde unité », en cloisonnant ce qui est mystérieusement lié comme peuvent l'être la terre, l'eau l'air et le feu dans une osmose invisible.

Chaque fois que son âme est blessée ou fatiguée et qu'elle cherche le repos d'une certitude, chaque fois qu'il sent monter en lui l'inquiétude il retrouve ce réflexe primitif et en revient à cette vision simplificatrice. Dans ses mythes, ses religions, sa politique, ses œuvres d'art, de fiction et même dans ses guerres, il aime opposer le diable au bon dieu, le bon au truand, comme l'ombre à la lumière d'une façon bien définie.

Et pourtant, grandir, réfléchir, c'est sortir de notre réflexe manichéen, même si dans la vie courante, il peut être nécessaire et fructueux aussi d'entrer dans le jeu des oppositions, mais jamais avec un fanatisme irréversible.

Cette façon d'entrer dans ce jeu d'oppositions de façon trop caricaturale, si elle permet de faire un tri sommaire et pratique pour le quotidien qui exige il est vrai de l'expéditif, elle nous prive d'une richesse plus subtile de la vie. Sans prétendre épuiser tous les sujets et sans pratiquer un discours trop aride, je vais te proposer quelques exemples très simples afin de te montrer l'intérêt qu'il y a à sortir de ces évidences partagées, à sortir de ce qu'on peut appeler nos « perroquets intérieurs ».

Egoïsme et générosité

Nous savons tous qu'il peut y avoir un plaisir à offrir et que dans ce qui peut apparaître comme de la pure générosité, il entre une part d'égoïsme. De même il peut entrer une part de générosité dans le fait de savoir recevoir. Le véritable égoïste n'aime pas dire merci et chacun sait aussi que donner peut placer l'autre dans un état de dépendance, de dette qui l'aliène et que ce don apparemment généreux ne l'est pas nécessairement. Ainsi, au lieu d'opposer sommairement l'égoïste au généreux, il faudrait plutôt parler « d'égoïsme centrifuge », qui serait cette pulsion de plaisir tournée vers l'extérieur que l'on se donne en donnant, et parler « d'égoïsme centripète » ou d'égocentrisme qui définirait le véritable égoïste qui tire tout à lui sans scrupule ni souci de l'autre. Cette négation de l'autre est la version pervertie d'un égoïsme au fond assez naturel.

Dans cet exercice mental, tu le vois, il ne s'agit pas de condamner définitivement ces notions pour la pratique quotidienne mais d'en sortir de temps à autre pour aller plus profondément dans l'origine et la riche complexité de la vie psychique. Tout n'est jamais tout noir ou tout blanc comme on dit, et il est éclairant d'exercer sa « pensée paradoxale » en se demandant face à toute chose : « Et si c'était l'inverse » ? Tu vois, là encore, ce « si » est l'instrument intellectuel fondamental de ce jogging mental du « sortir pour entrer ». Lorsque la compréhension d'un phénomène est en panne, il est fructueux le plus souvent de lire les choses à l'envers, de pratiquer la méthode du « gant retourné » et de se demander : « Et si c'était l'inverse ? » Et s'il y avait une part d'égoïsme dans la générosité apparente pour reprendre notre exemple. Et soudain peut s'ouvrir une lecture insoupçonnée de l'homme et du monde qui non seulement évite d'être dupe, mais surtout, peut servir aussi bien le chercheur scientifique que le poète quand ils sont dans l'impasse.

Du bien et du mal

Et s'il y avait un mal dans le bien et un bien dans le mal ? Cette proposition a beau être éculée, il peut être bon de la revisiter.

Il ne s'agit surtout pas de glorifier le martyre, le supplice, le calvaire, la souffrance, ou la torture, de justifier le mal comme une punition nécessaire, une expiation comme dans certains fanatismes religieux, ni même comme une jouissance suprême pour le sadique ou le masochiste, ce qui serait, là encore, une perversion. En tout domaine il faut avancer avec mesure et ne pas appliquer un systématisme qui serait aussi pernicieux sinon plus que « la pensée-perroquet ».

Néanmoins, chacun sait que dans un certain nombre de circonstances, le mal peut être pour un bien, ce que traduit l'adage bien connu : « qui aime bien châtie bien ». Il arrive aussi qu'une situation contraire à nos espérances, une déception ou « un coup dur » soient finalement bénéfiques sur le long terme et qu'on soit amené à se dire que ce fut un mal pour un bien. Comme le disait Nietzsche, « ce qui ne nous tue pas nous rend plus fort ». A trop vouloir le bien sans obstacle et sans peine, on peut gâter l'homme ou l'enfant qui, sans épreuve et sans mal, perdent la valeur des choses et connaissent le caprice sans joie et l'Ennui. Chaque sportif sait combien le verre d'eau après l'effort n'a pas le même goût, comme le sommet de la montagne n'est pas le même quand on le vit en téléphérique ou dans ses courbatures. A trop servir, on dessert, on étouffe, on aliène et on rend dépendant là encore au lieu de libérer. On sait que certains médicaments, comme les sirops pour la toux des enfants se doivent de ne pas être trop sucrés et flatteurs pour éviter leur addiction qui ferait plus de mal que de bien. Plus généralement, un monde trop « sucré » peut conduire au faux bonheur d'une obésité consumériste.

Sur le plan de la morale, le monde de la nature ne connaît ni le bien ni le mal, et les choses se produisent sans qu'il y ait de sens ni de valeur. C'est nous qui importons les notions de sens et de valeur et tu peux comprendre que c'est la situation qui détermine à nos yeux ce qui est bien ou mal. La survie de notre espèce a conditionné de façon implicite tout au long de notre histoire ce qu'il était bon ou mauvais pour nous de faire ; mais nous l'avons oublié le plus souvent si bien que le bon et le mauvais se sont métamorphosés en bien et mal. Une sorte d'impératif logé au plus profond de nous a ainsi dessiné les mœurs et les coutumes qui deviennent obsolètes et changent avec l'évolution des connaissances. Le bien comme le mal ne trônent pas dans un ciel immuable pour tous les temps, tous les lieux et toutes les circonstances comme nous aimerions le croire ; leur opposition n'est pas absolue et la frontière est fluctuante.

Dans un long chapitre des *Essais,* Montaigne refuse par exemple qu'on qualifie de barbare la pratique du cannibalisme des Indiens du Nouveau Monde. Comme le confirmera plus tard le grand ethnologue Claude Levi Strauss, manger leurs ennemis est pour eux une forme d'honneur et une manière de s'approprier leur force. Montaigne évoque même, non sans ironie, que les chrétiens pourraient alors être considérés comme barbares puisqu'ils mangent le corps du Christ au moment de la communion. On sait aussi que des circonstances exceptionnelles de survie ont conduit les rescapés d'un crash aérien dans la Cordillère des Andes à se nourrir des cadavres des passagers.

Ainsi, rien n'est bien ou mal à jamais. Dans le très bon roman de Michel Tournier, *Vendredi ou les limbes du Pacifique,* l'auteur imagine ce que devient un homme privé des autres et de tout l'échafaudage de la civilisation qui nous tient debout et nous gouverne sans le savoir. Seul rescapé d'un naufrage, Robinson Crusoé prend conscience que dans le milieu hostile de la nature, il ne peut pratiquer les valeurs morales pacifistes et chrétiennes sans menacer sa survie.

Attaqué par un bouc sauvage, il lui faut commettre son premier meurtre sur cette île. Ce qui était un mal pour l'homme de la vieille civilisation qu'il était, devient temporairement un bien sur l'île de Speranza.

Il ne s'agit pas bien entendu de jouer les Robinson au sein de nos sociétés. Mais l'expérience de cet insulaire involontaire nous impose une sortie, certes dans la fiction littéraire, mais qui permet au lecteur d'entrer à nouveau dans les valeurs civilisées avec le sens de la relativisation, avec cette vigilance, cette souplesse mentale face à nos certitudes définitives sur l'opposition étanche du bien et du mal.

Contrainte et liberté

Il n'y a pas que la nature qui a horreur du vide. On ne peut ni penser ni imaginer à partir de rien. La punition suprême pour un élève, tu l'as peut-être vécu, est de devoir faire un travail d'invention sans aucune directive. Cet infini des possibles peut devenir camisole si on ne lui impose pas quelques axes et contraintes à partir desquelles il pourra construire. Il en est de même pour le peintre et l'architecte ou tout autre créateur. Tout poète sait combien la contrainte d'une rime peut accoucher d'une idée improbable, comme le mathématicien a besoin d'axiomes et de postulats pour enchaîner ses équations et le musicien de règles d'harmonie pour libérer ses arpèges.

Même les surréalistes qui voulaient briser les « barreaux de la logique » en avaient besoin pour pouvoir les enfreindre avec un bonheur subversif, comme un fils a besoin du père et de ses repères pour construire sa liberté en s'y opposant. Combien il faut de discipline et d'entraînements pour donner au sportif, au danseur comme au pianiste l'apparente légèreté et facilité de leur art !

On n'éduque pas, on n'élève pas, on ne fait pas grandir sans contraintes, de même que la forme d'une plante aux allures libres doit en réalité son développement et ses arabesques improbables à de multiples obstacles et conditions que l'on ne perçoit pas. Est-il besoin d'ajouter cette trivialité rebattue mais sans cesse oubliée depuis Hobbes, Rousseau et Montesquieu, qu'en société, il n'est pas de liberté sans lois et que sans interdits, c'est la loi du plus fort qui triomphe !

Savoir et ignorance

Quand on connaît peu de chose, on peut avoir l'illusion de croire savoir. Mais l'étude et la fréquentation du monde et des livres donne chaque fois la sensation d'un continent immense qui grossit à mesure qu'on avance en âge et dans la connaissance. Par un effet paradoxal, il semble que plus on sait, moins on sait. La curiosité remet chaque fois nos certitudes en jeu et plus on pense attraper le savoir, plus on recueille le doute. Le chemin de la connaissance est un peu semblable à l'ascension de Sisyphe ; chaque fois que l'on croit avoir atteint le sommet suprême de la Vérité, ce n'est en fait qu'une illusion qui tombe comme son rocher, car on découvre d'autres horizons insoupçonnés et il nous faut alors recommencer.

Croire que l'on sait pour toujours, c'est croire que l'on peut enfermer une mer infinie et changeante dans un tonneau percé comme celui des Danaïdes. Quand on demandait à Socrate ce qu'il savait, il répondait qu'il savait qu'il ne savait rien. Montaigne lui aussi avait fait de la conscience de son ignorance, le fondement même de la quête du savoir qu'il avait résumé dans une formule sceptique devenue célèbre « *Que sais-je ?* »

Reconnaître sa faiblesse est une force quand la présomption est au contraire de vouloir l'ignorer. « *Il est advenu aux gens véritablement savants,* dit Montaigne, *ce qui advient aux épis de blé : ils vont s'élevant et se haussant, la tête droite et fière, tant qu'ils sont vides ; mais quand ils sont pleins et grossis de grain en leur maturité, ils commencent à s'humilier et à baisser les cornes* ». Et puis, quand on veut trop prouver sa force, c'est que l'on est au fond assez peu sûr de soi et ce complexe de supériorité apparent n'est le plus souvent qu'un complexe d'infériorité et nous touchons là au paradoxe de l'inconscient « ce gant retourné de l'être » que la psychanalyse a mis en lumière.

Le maître et l'esclave ?

Comme je viens d'évoquer Montaigne, je ne résiste pas au désir d'évoquer son ami légendaire, son alter ego, Etienne de la Boétie, grand maître de la « pensée paradoxale » notamment dans un ouvrage extraordinaire qu'il écrivit alors âgé de moins de vingt ans contre les tyrans et au titre provocateur : *De la servitude volontaire*. Il y explique que le peuple a les tyrans qu'il mérite et qu'il ne tient qu'à lui de vouloir s'en libérer, parce qu'au fond c'est lui qui a le pouvoir et la force, s'il est véritablement solidaire. Au lieu de plaindre les hommes qui subissent une tyrannie, il les invite à prendre conscience de leur force et les incite à l'union et à la subversion. Ce qui est original dans sa démarche c'est qu'au lieu d'entrer dans la conception manichéenne qui oppose le tyran à l'esclave, il sort du jeu compassionnel en rendant la victime coupable, en suggérant que le plus grand ennemi que nous ayons c'est nous-mêmes. Une paresse, la force de l'habitude, une peur inavouée de la liberté-responsabilité, une immaturité mentale et politique nous enferment dans l'idée que la tyrannie vient du dehors et non du dedans, que le pouvoir serait un fait premier et sacré, héritier d'une volonté divine, qui descendrait sur le peuple et non le résultat du laisser faire, d'un vouloir inavoué et inavouable des citoyens. Près de trois siècles avant la Révolution française, il désacralise la notion de pouvoir en inversant la donne, il annonce l'esprit jacobin en sortant de l'opposition traditionnelle.

Quand on y pense, c'est la même logique pour la vie individuelle de l'homme pressé qui aime à se plaindre de ce qui ne dépend pourtant que de lui. On aime à croire que l'on est débordé « surbooké » comme on dit aujourd'hui, esclave de telle ou telle contrainte, alors qu'il suffirait de changer l'ordre de ses désirs pour retrouver plus de liberté. Que ce soit pour un individu comme pour un peuple qui se plaint d'une situation d'aliénation il peut être bon, pour l'inciter à agir, de ne pas le ménager, de fouetter son amour propre, de sortir de la logique habituelle d'apitoiement, en suggérant qu'il n'y a pas de servitude qui ne soit quelque part volontaire. Que s'il veut que cet état cesse, au lieu de se lamenter passivement, il lui faut se prendre en main individuellement ou politiquement.

Le philosophe Emmanuel Kant, avec sa formule célèbre « *Je veux donc je peux* » corroborait cette attitude volontariste, lui aussi, en sortant de l'opposition traditionnelle entre le vouloir et le pouvoir, l'esclave et le maître.

Bien sûr, lorsque l'on est contraint de servir par la force, il faut obtempérer le temps qu'il faut afin d'assurer notre survie ; mais cette soumission ne doit jamais être considérée comme définitive. La force a ses faiblesses, et la tyrannie a ses failles. Un jour vient toujours où les bourreaux baissent légèrement la garde et laissent alors la possibilité d'une révolte afin de recouvrer notre liberté.

A propos de pouvoir, qu'il soit social ou politique il peut être intéressant là aussi d'inverser la dialectique habituelle du maître et de l'esclave en se demandant si l'homme qui convoite ou qui a le pouvoir n'est pas aliéné par sa propre ambition, contraint de faire son petit pas de danse sociale, que ce soit auprès du peuple comme à l'égard des autres puissants. « *L'esclave n'a qu'un maître* – écrivait la Bruyère – *l'ambitieux en a autant qu'il y a de gens utiles à sa fortune* ».

Paul Valéry lui aussi avait inversé sa lecture du pouvoir en écrivant : « *Un chef est celui qui a besoin des autres* ».

Charles Baudelaire, évoquant à sa manière cette aliénation volontaire en parlant de « prostitution sociale » dira que chercher à plaire à la foule est une perte de soi et de sa liberté. C'est pourquoi il prônait de façon sans doute excessive et provocatrice « *le plaisir aristocratique de déplaire* ».

Le repos et l'agitation

La frénésie de l'activité cache souvent sa véritable motivation. Au lieu d'opposer l'action au repos, il est intéressant de se demander si l'hyper actif ne cherche pas à fuir le face à face avec lui-même et sa condition humaine. Ne cherche-t-il pas le repos de l'âme dans l'agitation ? C'est Montaigne et surtout Pascal qui donnèrent à la notion de « divertissement » son sens philosophique. C'est-à-dire non pas un sens uniquement ludique, bien qu'il l'inclue aussi, mais ils appellent « divertissement » toute activité passionnelle, même sérieuse, qui engage la totalité de l'être et qui a pour but inavoué de nous détourner de nous-mêmes, de notre condition tragique.

Il ne s'agit pas pour eux de condamner l'activité en soi, mais la raison et la façon dont on la pratique. Il s'agit de distinguer le fait d'agir pour le plaisir ou pour les nécessités quotidiennes, de l'agitation qui cherche le même effet que l'opium.

Tant que l'homme n'est pas spirituellement apaisé face à sa condition, il lui faut donc se « divertir » dans des passions qui absorbent tout son être afin qu'il n'ait pas une heure en la journée où il se trouve seul dans le silence et l'inaction. Rien n'est plus insupportable à l'homme que d'être sans passion, dans un plein repos qui le laisse en proie à l'Ennui, ce « monstre délicat » dont parlait Baudelaire. Ce tragique de la condition humaine qui nous oblige à nous lancer dans des passions souvent dangereuses ou destructrices qui font que le remède est alors pire que le mal, Pascal le traduisait d'une façon toute imagée : « *Tout le malheur de l'homme est de ne pouvoir demeurer au repos dans une chambre* ». En effet, il lui faut parfois risquer toutes les folies comme les guerres ou les exploits vaniteux et parfois mortels pour ne pas sentir son néant, pour oublier qu'il naît et meurt sans savoir pourquoi. Quand on regarde les choses de cette façon avec un certain recul et notamment les folies qui ensanglantent notre planète depuis toujours, cela aboutit à ce raccourci aussi terrible qu'absurde : les hommes se tuent sur terre pour oublier qu'ils meurent !

L'agitation, le jeu comme le bruit sont des expédients au tragique de l'homme moderne qui risque de se découvrir avec effroi sous un ciel vide.

Dans un monde en état de déréliction, de plus en plus désemparé sur le plan spirituel, on a vu se développer dans la deuxième moitié du XX siècle une ère des loisirs dont l'économie profite mais qui est devenue un besoin si impérieux qu'un gouvernement créa un « ministère du temps libre ». Comme s'il s'agissait de conjurer le risque de la vacance de l'âme par l'organisation et l'exploitation de la culture des loisirs.

Ce besoin d'occupation à tout prix a été étendu à l'enfant qui n'a plus le temps de s'ennuyer afin de se construire un monde intérieur qui seul donne la force d'affronter les aléas de la vie. Il échappe de plus en plus aux questions vertigineuses sans lesquelles l'automate prend le dessus sur l'humain. Dans les rares moments de vide et de repos où l'esprit pourrait s'agiter et la pensée se construire, les prothèses techniques et le consumérisme moderne achèveront cette conspiration insidieuse contre sa vie intérieure.

Après la mort de Nietzsche en 1900 qui a tant souligné lui-même la mort de Dieu, bien des œuvres du XXème siècle témoignent de ce lien paradoxal entre le repos et l'agitation.

Dans *le joueur d'échecs,* Stefan Zweig évoque qu'une des tortures infligée par les nazis était d'enfermer un individu dans une pièce vide où l'esprit était en souffrance car la pensée, ne pouvant se fixer sur rien d'extérieur, se retournait contre elle-même en devenant autophage et autodestructrice.

En attendant Godot ou *Fin de partie* de Beckett évoquaient cette torture du « rien » quand Dieu n'est pas au rendez-vous et qu'aucune action consistante ne peut nous divertir de l'absurde et du désespoir.

La Nausée du Roquentin de Jean-Paul Sartre vient, elle aussi de ce vertige métaphysique, de cet impossible repos de l'âme à Bouville, dans une vie bourgeoise et monotone qui dévoile sa fausseté et où l'engagement passionnel est impossible.

La parole et le silence

Dans la tragédie antique, parler c'est « rompre le silence » ; c'est-à-dire briser, enfreindre, commettre un sacrilège en ne respectant pas quelque chose qui nous dépasse. Une culpabilité en somme qui est celle de celui qui prétend orgueilleusement échapper à la loi du monde. Car ce grand silence dont parlera Anouilh dans sa merveilleuse Antigone, c'est celui de la force inhumaine du destin qui ignore les états d'âme des hommes.

Pour le grand héros tragique qui a compris qu'on ne lutte pas contre ce qui doit se produire, la parole est vaine. Alors, il se tait ou se crève les yeux comme Oedipe qui a eu la prétention de connaître la Vérité. Les cris, les révoltes, les lamentations, les justifications sont le propre du drame et de nos comédies humaines qui ont besoin de croire en leur liberté, qui ont besoin de bruit pour ne pas entendre ce terrible silence.

Car le silence, c'est ce qui nous terrifie, c'est la violence fondamentale de ce qui, hors de nous et au plus profond de nous, n'est ni compréhensible, ni maîtrisable. Si les reptiles nous effraient tant, c'est qu'ils incarnent cette froide insensibilité, cette impassibilité de tout ce qui se moque de nos explications, de nos significations. En regardant l'œil du crocodile, on ne peut rien lire, rien deviner, rien comprendre et nos mots ricochent sans effet sur son absurdité. Il est l'impénétrable absolu, comme peuvent l'être la tornade et le tremblement de terre, comme les microbes et les virus qui tuent, comme nos cauchemars et tous nos monstres intérieurs qui nous gouvernent, bien au-delà de ce que l'on peut dire.

Parler, c'est donc la marque d'une faiblesse toute humaine qui veut croire encore qu'on peut échapper au grand silence de la marche des étoiles et du monde. Parler, c'est penser que l'homme a son mot à dire dans le grand branle universel au lieu de se taire en se fondant stoïquement à la destinée. Parler, c'est un bruit et parfois une belle musique que font les hommes pour faire taire le silence assourdissant qui les effraie. La logorrhée bien souvent cache un malaise et des peurs insoupçonnées ; la peur de se confronter à l'inconnu, au grand mystère du monde, la peur du non-dit, du vertige intérieur, la peur d'une descente silencieuse en soi, la peur de réfléchir, tout simplement. L'impétuosité aussi est bavarde quand la noble humilité écoute et se tait. En vieillissant, l'homme est de moins en moins prolixe ; il perd sa faconde et son arrogance et c'est comme s'il acceptait progressivement de se fondre au grand silence qui l'a précédé.

Aux yeux de ses congénères, il perd alors de son humanité, et comme un sphinx incompris il s'éloigne inexorablement du babillage urbain. Seules la musique et la poésie parfois bercent encore ses oreilles endormies qui savent alors écouter « le silence éternel de ces espaces infinis ».

Communication et solitude

On a coutume de dire que les grandes douleurs comme les grandes joies sont indicibles, qu'elles débordent des mots ; comme en un vase trop petit pour une mer trop grande, nos larmes témoignent de ce débordement. Elles nous rappellent simplement les limites du langage et que parler, paradoxalement, souligne la séparation quand on croit pourtant se rejoindre. Nous confondons souvent la communication avec la communion. Communier c'est se fondre en l'autre dans une empathie totale comme on se fond en Dieu par la prière. La prière liturgique, la litanie est un mouvement de l'âme qui emprunte des formules incantatoires que l'on récite, certes, mais qui ont aussi pour vertu de faire écran au monde du dehors, de faire paradoxalement un certain silence.

Quand on y songe, la communication marque davantage l'écart que l'absence de distance. Si on a recours aux mots, c'est bien parce que nous éprouvons la séparation, que nous ne sommes pas confondus. Comment faire ressentir ma douleur, ma joie à celui ou celle qui n'est pas moi ? Comment fusionner avec celui ou celle qui est séparé de mon corps et de mon esprit ?

« Tout écrivain, avait noté Albert Camus, rêve de silence au cœur de l'écriture », c'est-à-dire qu'il rêve de supprimer la distance, de vaincre cette solitude à laquelle nous sommes condamnés, et d'utiliser le langage contre lui-même, de combattre l'échec du langage par le langage ; il ne cesse de chercher dans les mots une « ex-pression » qui deviendrait « im-pression ». C'est ce dont rêve tout poète et qu'a si bien résumé Arthur Rimbaud dans ses lettres du Voyant quand il écrit que « *le poète est vraiment voleur de feu...il devra faire sentir, palper, écouter ses inventions...trouver une langue...Cette langue sera de l'âme pour l'âme, résumant tout, parfums, sons, couleurs* ».

Les poètes japonais ont sans doute trouvé le moyen d'utiliser le langage contre lui-même en composant des poèmes minimalistes, des haïkus qui, au lieu de chercher à dire, préparent plutôt la communion avec les éléments.

Or, les mots nous éloignent d'autant plus de nous-mêmes qu'ils sont dans le dictionnaire avant d'être à nous ; on ne communique avec soi que par le détour de la convention qui s'interpose entre moi-même et moi. Triangulation inévitable. Traduire son état en mots, c'est avoir à faire à ce qui nous est extérieur, et en ayant recours à eux, on sent que l'on vit davantage dans « l'ex-pression » des choses que dans « l'im-pression », on prend inévitablement la tangente. Avec le langage on ne rencontre l'autre comme soi-même que dans un « no man's land ».

Au fond, plus on cherche à communiquer, moins on a de chance de communier. Une entreprise désespérée qui s'ignore est dans la débauche de la communication de notre monde moderne qui croit que plus on communique, moins on est seul. Tant de routes et d'autoroutes de l'information, tant de radios, de « réseaux sociaux », de courriers électroniques, de SMS et « d'amis virtuels » pour échapper à l'isolement sont comme des gestes pathétiques de noyés qui croient rejoindre quand cela ne fait que marquer la distance.

Sans doute ce désir et cette frustration remontent-ils bien loin. Propulsés dans le monde depuis le ventre maternel, la coupure du cordon ombilical marque sans doute notre séparation première et définitive.

Plus tard, la recherche de l'ami, de l'alter ego, la main tendue vers une autre main, l'acte d'amour avec la quête haletante vers quelque chose qui se montre l'espace d'un instant mais qui s'effondre et s'efface l'instant d'après, expriment sans doute en partie la nostalgie d'un lien fusionnel d'origine.

Mais jamais les mots ne pourront recréer l'union espérée. C'est pourquoi, communiquer est une aspiration à l'empathie forcément tragique, puisqu'elle cherche ce lien silencieux qu'elle ne cesse pourtant de parasiter. Plus on cherche à communiquer plus il arrive que l'on ressente cette solitude fondamentale qui est notre lot. Autant l'accepter et chercher peut-être davantage à communier dans le partage et l'action qu'à se perdre dans l'expression.

Le Monde et Moi

C'est un ami chimiste, disciple de Lavoisier qui me fit sortir de ma « conception-perroquet » avec une petite expérience somme toute assez banale. Il mit de l'eau dans un tube à essais jusqu'à la moitié puis compléta avec de l'huile. Il me fit remarquer la ligne de séparation qui était très nette, car ces deux substances ne pouvaient se mélanger à cause de leur structure moléculaire et c'est là d'ailleurs que j'appris un nouveau mot que j'aime infiniment aujourd'hui, le mot « miscible ». Ces deux liquides étaient non miscibles alors que l'eau et l'alcool par exemple le sont entièrement.

Mon ami chimiste me regarda avec un sourire malicieux et me fit le pari de les rendre miscibles. Il boucha soigneusement le tube à essais et le mit dans sa petite centrifugeuse qui avait pour propriété me dit-il de briser certaines structures moléculaires existantes. Et après quelques instants, il me montra le résultat. On ne percevait plus de séparation entre les deux substances qui étaient devenues un mélange homogène. Et il ajouta : « imagine maintenant que ton être soit de l'eau, dont tu es d'ailleurs constitué en majorité, et que le monde qui te semble extérieur, sinon opposé à toi, soit l'huile. Où serais-tu ? Où s'arrêterait ton être et où commencerait le monde ? » Satisfait de son effet sur moi, il ajouta : « Quand tu penses que tu es un être indépendant du reste de l'univers, ce n'est qu'une illusion car tu n'es, toi aussi qu'un agrégat transitoire et accidentel de molécules qui te donne la sensation de ne pas être miscible au monde, et pourtant ! Il suffit que la situation change pour que tu réalises que nous sommes dans un commerce perpétuel, un échange plus ou moins visible avec les éléments du monde. »

Et il me récita par cœur avec un plaisir non dissimulé un passage du *Rêve de d'Alembert* de Diderot ; *« Tous les êtres circulent les uns dans les autres, tout animal est plus ou moins homme, tout minéral est plus ou moins plante ; toute plante est plus ou moins animal... Toute chose est plus ou moins une chose quelconque, plus ou moins terre, plus ou moins eau, plus ou moins air, plus ou moins feu, plus ou moins d'un règne ou d'un autre...*

Rien n'est d'une essence particulière, tout est en un flux perpétuel... »

Je comprenais le but de sa petite expérience. Au fond, mon être, que je percevais comme distinct et même opposé aux éléments du monde extérieur, c'était comme l'eau opposée à l'huile. Cette frontière qui me semblait évidente dans la vie courante n'était au fond qu'une illusion temporaire, car toute une osmose invisible était à l'œuvre.

L'idée de mon individualité distincte, coupée des autres comme du reste du monde était un orgueil que mon héritage occidental avait sans doute conforté.

Moi qui voyais et pensais le monde comme ce qui n'était pas moi ; comme un obstacle, un ennemi rétif à dompter dont je devais me rendre « comme maître et possesseur », voilà que je découvrais que je n'étais pas réellement séparé, isolé, mais que je faisais partie intégrante de lui. Au fond, le monde et moi étions miscibles. Et si j'étais détrôné en tant qu'individu, je devenais par ailleurs le monde. Si dans un premier temps, je perdais un peu de ma superbe, en réalité je gagnais en apaisement ce que je perdais en vanité.

Il devenait à mes yeux ridicule et prétentieux de me sentir si distinct. D'ailleurs j'ai découvert depuis que l'étymologie du mot idiot est justement le fait de se « sentir étranger », étranger à un domaine, c'est-à-dire ignorant.

Cette banale expérience m'avait donc éveillé, m'avait sorti de mon ignorance, qui était de me sentir étranger à ce qui n'était pas moi.

J'ai aussi appris un mot assez rare : « l'idiosyncrasie » qui signifie, le caractère propre.

L'idiosyncrasie était d'une certaine manière, sinon une idiotie, en tout cas, une lecture superficielle qui voit l'individu comme séparé sinon opposé aux autres et au Cosmos.

Je comprenais mieux alors les approches différentes du corps et de l'esprit comme des maladies dans les pays où le cartésianisme était moins pratiqué ; là où l'homme est repensé, non seulement dans sa globalité, mais dans son osmose avec le monde. (Je dis bien le cartésianisme qui est souvent une caricature sectaire de la pensée du grand homme bien plus ouvert à l'incertitude que les cartésiens.)

Il me souvient d'un poème bouleversant que Voltaire le rationnel écrivit après le tremblement de terre de Lisbonne qui décrivait les hommes comme des « *atomes tourmentés sur cet amas de boue* ».

L'observation d'un essaim d'abeilles animé par une force de vie étrange me fit alors songer à ce que nous sommes. Un agrégat moléculaire fait d'atomes regroupés eux aussi dans une certaine forme par une force mystérieuse qu'on appelle la « vie », faute de mieux. Mais un accident imprévu pouvait à tout moment rompre cette forme en dérangeant la concentration des atomes qui s'éparpilleraient et se mêleraient alors au grand brassage universel, de la même façon que les abeilles se dispersent dans la nature si l'on dérange l'essaim, et cela jusqu'à ce que les atomes constituent d'autres formes, et ainsi de suite…

Tu vas peut-être me trouver trop rêveur, mais il m'arrive d'imaginer le monde comme un gigantesque grouillement d'atomes en mouvements incessants où la consistance des choses et des êtres n'est qu'apparente et passagère puisque tout s'échange et se compénètre.

De grands penseurs de l'Antiquité comme Démocrite ou Epicure avaient déjà eu cette intuition. Une orgie de particules élémentaires, une véritable agitation microscopique, avec des copulations accidentelles et éphémères, se donne au-delà de notre miroir quotidien devant lequel nous avons beau pourtant nous respirer mutuellement, nous nous obstinons cependant à nous croire distincts de l'autre et du monde. C'est ainsi.

Peut-être penses-tu que je sors un peu trop loin avec mes imaginations et qu'il me faudrait entrer à nouveau dans la psyché commune. Rassure-toi, c'est ce que je fais régulièrement. Car, j'ai beau faire, j'ai beau penser que je suis miscible, que je suis le monde, je ne peux m'empêcher de ressentir le monde et les autres comme extérieurs.

Cependant il ne faut pas confondre ce que l'on sent et ce qui est. On a beau savoir que la terre tourne autour du soleil, on ne le sent pas, et chaque soir on ne peut s'empêcher de dire que le soleil se couche ou que la nuit tombe. L'homme, et c'est là un mystère extraordinaire, n'est pas toujours à la hauteur de ce qu'il est capable de penser, et cela sans doute est bien puisque cela est ; mais cela ne veut pas dire qu'il ne doive pas sortir de ce qu'il sent, de ce qu'il voit, de ses habitudes. Sans ces sorties mentales, Galilée ou Lavoisier n'auraient jamais fait avancer la science. Toutefois si je sais désormais que

« rien ne se perd, rien ne se crée, tout se transforme », il ne s'agit pas de vouloir respirer à chaque seconde cette prise de conscience.

Lorsque je suis malade, il peut-être salutaire de m'isoler pour éviter la contagion et de mener la lutte contre des microbes qui, certes font partie du monde, mais menacent ce que je ressens comme mon intégrité, à tort ou à raison.

Mais d'autre part, on sait aussi que trop d'asepsie, trop d'antibiotiques peuvent entraîner des déséquilibres, et menacer mon intégrité elle-même.

Alors il s'agit peut-être tout simplement de sortir de temps à autre de cet antagonisme entre le monde et nous, afin d'enrichir notre séjour transitoire et de retrouver l'humilité, « car tout va sous terre et rentre dans le jeu », comme dit le poète du *cimetière marin.*

La vie et la mort

C'est un sujet suffisamment grave et douloureux pour ne pas reconnaître que nous sommes tous sensibles à leur opposition, parce qu'il est difficile de « sortir » de notre condition d'homme et donc de la « pensée perroquet ».

Toutefois, si nous parvenions à sortir quelque peu de notre angoisse humaine et de notre émotion face à la mort (encore la pratique du si), nous verrions combien la vie et la mort peuvent être intimement liés dans bien des domaines.

Sans même envisager les choses sur un plan universel où chacun peut comprendre que la mort fait partie du cycle mystérieux de la vie, que le grain doit mourir pour donner un fruit, que certains animaux meurent en donnant la vie, d'une mort génétiquement programmée, que c'est sur les matières en décomposition que poussent les plus belles fleurs, il est cependant étrange de voir que le cancer qui entraîne trop souvent la mort puisse être dû à un surcroît de vie de cellules nouvelles, dites malignes, qui se reproduisent follement au point de former ce qu'on appelle une tumeur.

C'est un peu comme si nous mourions par un excès de vie « mal placé », ce qui explique que les personnes jeunes ont souvent un cancer plus évolutif que les personnes âgées dont les cellules se reproduisent moins vite.

Sur un plan moins dramatique et plus poétique, n'est-il pas étrange que la fragrance d'un parfum ne puisse vivre qu'en se volatilisant. Tant que le flacon est fermé, le parfum n'existe pas encore. Il est à l'état de potentialité. Le flacon une fois débouché verra le liquide s'évaporer au contact de l'air et mourir à lui-même en libérant les effluves et les exhalaisons.

Il faut donc que le parfum meure pour exister en tant que parfum, là est son beau paradoxe et son pouvoir sur l'imagination.

Il en est de même avec la musique. Si une note durait sans jamais finir, nous n'aurions qu'un son lancinant et non une mélodie. Il faut que chaque note, blanche ou noire, accepte de mourir pour que la musique soit. Si la musique nous touche tant, c'est sans doute en partie parce qu'elle suspend notre âme dans une apesanteur qui fait attendre la mort d'une note et désirer la suivante. Elle épouse en cela notre nature qui est toujours entre ce qui vient d'être et ce qui n'est pas encore, mais demande à être.

Ordre et désordre

Manger à heures fixes n'est pas écouter l'heure de son estomac. Si un peu de discipline ne nuit pas à notre organisme et permet d'harmoniser la vie collective, trop de rigueur comme trop d'ascétisme sont aussi nuisibles à la santé que l'anarchie compulsive.

En tous domaines, quand nous cherchons à mettre trop d'ordre dans notre vie, quand nous voulons trop domestiquer la nature que nous jugeons trop instable et imprévisible, nous risquons de créer un désordre plus profond dont nous ne mesurons pas toujours les conséquences.

En tant qu'êtres civilisés nous avons besoin de codes, de lois, de limites pour organiser nos vies personnelles et collectives, mais il est bon de préserver des sources de désordre, de rébellion, de critique, une « insociable sociabilité » comme l'appelle dans un beau paradoxe le philosophe Emmanuel Kant. Là encore, il est bon de se ménager des « sorties » comme un port qui reste ouvert sur la mer. Un peu de dissidence permet de nettoyer les habitudes qui sont mauvaises quand elles font oublier la richesse du présent comme l'infini des possibles.

Un peu de surprise et d'aventure préservent de la monotonie, de la lassitude et met du piment à nos vies.

En réalité, l'angoisse humaine cherche à s'apaiser dans l'ordre comme dans le désordre. Celui qui range sans cesse et veut que chaque chose soit à sa place, que le monde lui obéisse, comme celui qui ne peut vivre que dans le fouillis et l'encombrement qui interdisent le vide, tous deux cherchent à brouiller, à s'arranger de quelque chose qu'on peut appeler notre condition humaine, pour faire simple. L'esprit classique cherche la paix dans l'ordre quand l'esprit baroque trouve son bonheur en imitant la profusion brouillonne et permanente du monde.

La musique de Lully et la musique d'un Sainte Colombe témoignent de deux manières de négocier notre rapport à l'Enigme de la vie et au mystère de l'âme humaine. Le premier veut battre la mesure du monde avec la régularité d'un métronome, le second cherche à se fondre à l'instabilité profonde du monde comme à l'imprévisibilité de l'âme humaine. L'un cherche à dompter, quand l'autre cherche à jouer le jeu, à fusionner dans une joie mystique.

Mais trop de désordre, comme en un jardin laissé à l'abandon, étouffe les bonnes semences, et trop d'ordre risque de satisfaire notre orgueil au détriment des riches potentialités de dame Nature.

Entre les jardins de Le Nôtre et celui de Monet, il ne s'agit pas de choisir, car tous deux cherchent au fond une harmonie entre ordre et désordre. L'un cherche l'harmonie d'une nature ordonnée, l'autre, la chatoyance d'un désordre contenu et esthétisé.

Comme en toute chose l'excès et la démesure font se rejoindre les frères ennemis.

Je songe à une fable de la Fontaine qui dénonce cet excès, *le Philosophe scythe* (la Scythie est un pays réputé rude, au nord de la mer Noire). Il y décrit un stoïcien qui «

voyant en Grèce un sage épicurien en son verger qui de ses arbres à fruits retranchait l'inutile, ébranchait, émondait, ôtant le superflu pour que le reste en profite d'autant », une fois rentré chez lui décida d'en faire autant mais avec excès. Il coupa, tailla à toute heure, même les branches les plus belles, et son verger ainsi tronqué sans mesure fut détruit. Ce scythe stoïcien qui prétendait trop corriger et ordonner la nature sema un désordre fatal.

Je pourrais te parler de « l'an-archie » qui étymologiquement signifie « sans ordre » contrairement à la « mon-archie » dont le monarque s'impose comme seul référent en tout domaine.

En effet, contrairement à l'idée reçue, l'anarchie ne signifie pas sur le plan politique le désordre mais la plus haute forme d'ordre vers lequel toute société idéale voudrait tendre, à condition bien sûr que chacun possède en lui même une conscience politique élevée, une police morale suffisante, une censure intérieure qui vise l'harmonie de l'ensemble et non le profit individualiste. C'est une utopie à laquelle l'humaniste Rabelais avait rêvé avec sa fameuse abbaye de Thélème dans son *Gargantua* où la seule règle était : « *Fais ce que voudras* ».

Je pourrais aussi te parler de l'autorité qui n'existe réellement que si elle n'a pas besoin de manifester sa légitimité par la force ou des arguments, mais si elle est acceptée comme une évidence qui relève davantage de la foi que de la démonstration. La véritable autorité se moque de l'autorité de même que *« la vraie éloquence se moque de l'éloquence »* comme le soulignait Pascal.

Un « Si » à la boutonnière

Pardonne-moi d'avoir été un peu long dans cette chasse aux « pensées-perroquets » et de répéter parfois moi aussi quelques banalités. Mais ces quelques exemples sans grande prétention te montrent combien il peut être enrichissant de sortir de nos évidences et notamment d'un réflexe manichéen qui, certes peut répondre à l'urgence de la vie quotidienne, mais qui reste à la surface des choses et appauvrit la lecture du monde comme de notre riche complexité.

Bien des avancées scientifiques se sont faites au rebours de la doxa. C'est Galilée qui se demande contrairement au géocentrisme partagé ; « et si c'était l'inverse ; si c'était la terre qui tournait autour du soleil ? »

C'est Pasteur qui inocule le mal pour guérir le mal avec la vaccination, c'est Charcot ou Freud qui rétablirent le lien entre le corps et l'esprit, le passé et le présent, l'inconscient et le conscient. C'est Jean-Jacques Rousseau qui dans son *contrat social* pose le fondement paradoxal de la démocratie qui est de n'obéir qu'à soi en obéissant aux lois et dont la solution est que chacun se donnant à tous ne se donne à personne.

Cependant, comme en toute chose, il ne s'agit pas d'appliquer cette pensée paradoxale, cet anti-manichéisme avec systématisme, ce qui deviendrait pour le coup, là aussi, un conformisme de l'anticonformisme.

Il s'agirait me semble-t-il d'entrer chaque jour dans nos jeux à vivre quotidiens avec un « Si » à la boutonnière.

II - DE QUELQUES SORTIES

Sortir de ma mémoire

Un samedi sur deux, je vais voir mon ami René et si je voulais faire un mot je dirais que René me fait « sortir » au sens philosophique du terme. Il faut te dire qu'il a eu un accident cérébral, un AVC comme ils disent, et qu'il ne sait plus désormais que je suis son ami depuis plus de trente ans. Non seulement il ignore qui je suis, et ce qu'il fait dans cette maison de santé, mais il ignore qui il est parce qu'il a oublié tout ce qu'il a été.

Je sens encore en lui un certain effroi face au monde qui l'entoure et c'est avec beaucoup de précautions et de ménagements que je lui rends régulièrement visite depuis six mois maintenant.

Progressivement nous nous construisons des habitudes, une histoire commune dont je dois accepter qu'elle n'aura plus jamais 30 ans d'existence.

Je ne peux même pas dire que nous nous réapprenons puisque sa « carte-mémoire » a expiré. Nous nous apprenons, nous recréons donc entre nous des attentes, des vérifications de ces attentes, et je constate en effet qu'il sourit de plus en plus en m'apercevant.

Les premières fois, c'est avec une douleur au ventre que j'abordais mon ami pour qui j'étais devenu un étranger, un objet non identifié en somme, comme il était devenu étranger au monde qui l'entoure comme à lui-même. Pourtant il ne semblait pas souffrir de son amnésie.

Son médecin avait pris le temps de me décrire l'indifférence puis l'étonnement dont René avait témoigné face au miroir et aux photographies de son enfance. Il avait ce regard perdu de qui ne comprend pas ce qu'on cherche à lui montrer, j'allais dire, à lui faire réciter, car nous ne faisons que réciter, retrouver et reconnaître, ce que nous croyons savoir du monde et de nous-mêmes. Mais nous l'ignorons le plus souvent et René, en ayant perdu la mémoire, me le rappelait.

Au-delà de la souffrance que j'éprouvais personnellement, il y avait dans son regard un étrange mélange dont je ne parvenais pas à savoir s'il s'agissait d'une angoisse ou d'un étonnement face au monde qui l'entourait et aux êtres qui le sollicitaient.

Curieusement, il n'avait pas perdu l'usage de la parole, même si son discours semblait plus restreint et redondant, mais je sentais que les mots qu'il prononçait n'avaient pas de réelle résonance en lui.

J'étais même persuadé que si je lui avais dit combien je l'aimais, ou qu'un de nos amis communs était mort, ces mots n'auraient eu aucun effet sur lui ; il n'aurait pas témoigné de la moindre émotion. Ce n'était pas de l'insensibilité, mais sa sensibilité était devenue plus concrète, tactile et immédiate. Il lisait directement les choses sur mon visage ou mes gestes et c'est pourquoi je faisais autant attention à mes actes qu'à mes paroles.

Je n'osais pas lui dire que j'étais son ami depuis bien longtemps, sentant bien que cette idée l'aurait laissé interdit.

Contre un passé perdu, je prenais le parti du présent pour construire un nouveau devenir entre nous.

En somme, pour être de plain-pied avec sa respiration des choses, « je me remettais à ignorer ce que je savais » comme nous y invite la fameuse devise de l'île Xiphos.

Cet exercice d'oubli et d'ignorance auquel me forçait René me plaçait curieusement en dehors des évidences et des habitudes qui finissent par nous rendre aveugles à force de croire qu'on sait le monde.

Je découvrais grâce à lui que nous vivions sur de l'appris et qu'à chaque instant nous ne nous étonnions pas des choses, parce que leur image, leur impression étaient déjà enregistrées dans notre mémoire, notre « disque dur » dirait-on aujourd'hui.

Voilà ce que je découvrais. Mon présent était sans le savoir constamment habité par mon passé, et les êtres et les choses que je voyais, que je sentais et même que je pensais étaient au fond à la fois réels et virtuels.

C'est pourquoi René s'étonnait et s'effrayait parfois de toute chose qui m'était devenue familière et banale. Pire encore, il semblait ne pas distinguer certaines particularités, certains détails que je croyais évidents, tout simplement parce que je les avais appris et enregistrés. En prenant une image touristique, disons que depuis toujours je rencontrais le territoire d'après la carte qui en avait été dressée, et non pas le territoire directement. Un filtre, une structure invisible construisait mon regard et mes sensations. Je ne voyais qu'à travers un moule préétabli que j'avais reçu par mon éducation et mon expérience.

Je comprenais que face à une situation, à un être, un objet inconnus, nous sommes comme René ou un nouveau-né, en présence de quelque chose d'informe, au point même que nous avons du mal à en dessiner les contours la première fois. Mais la deuxième fois que nous rencontrons l'objet non identifié au départ, nous commençons à le rapprocher de la première impression enregistrée, et nous lui donnons progressivement ce qu'on appelle une identité, et même une carte d'identité ; au point même de ne plus nous étonner de sa présence et de la sensation que nous en avons. Seulement voilà, l'être ou l'objet reconnu et trop reconnu retourne dans une sorte d'invisibilité par accoutumance. Telle est l'ironie de notre conscience ! La chose informe et non identifiée dans un premier temps, retourne dans l'oubli pour avoir été trop perçue, trop identifiée.

Nous nous embourgeoisons ainsi inévitablement par l'enregistrement progressif de toutes les données de nos expériences, de nos apprentissages, de nos éducations. Il arrive que plus nous vieillissons, moins nous nous étonnons, moins il semble y avoir d'inconnu. Le monde semble se rétrécir au fil des années, et plus on apprend à connaître, c'est-à-dire à re-connaître, plus on risque d'avoir la sensation d'en avoir fait le tour et d'être blasé.

Notre « carte mémoire » est comme saturée d'images, d'informations, de sensations, de relais, de comparaisons, d'analyses et moins nous avons l'étonnement facile ; mais cela n'est qu'une impression, car l'Inconnu demeure infini et nous ne vivons que sur une infime parcelle de connu, de reconnu. Mais avec le temps nous avons fini par vivre davantage dans le souvenir des choses, dans le discours sur les choses que dans les choses elles-mêmes telles qu'elles pourraient nous apparaître en les rencontrant autrement.

Or, le nouveau, le véritable nouveau, c'est ce qui n'est pas reconnu, et donc choque, angoisse, dérange ou n'est tout simplement pas remarqué, c'est-à-dire non détaché d'un ensemble flou et informe, avec une absence de contours repérables, comparables et identifiables à du déjà rencontré. Quand tu y penses, cela veut dire qu'on ne progresse dans l'inconnu qu'au moyen du connu, ce qui limite singulièrement le champ de la découverte et notre possibilité de véritablement connaître définitivement le monde.

Il est d'ailleurs troublant de constater que les grands chercheurs, confrontés à l'inconnu dans leurs télescopes et leurs microscopes, sont contraints d'utiliser des images connues pour décrire leurs découvertes, de se servir du visible pour décrire l'invisible, de l'infiniment grand pour décrire l'infiniment petit et inversement.

Il me souvient de travaux pratiques à l'école en cours de sciences où il nous fallait repérer sous le microscope les cils d'une paramécie et ce protozoaire me semblait soudain familier avec ses attributs humains.

Je songe également à cet extrait des *Pensées* de Pascal qui invite le lecteur à un voyage dans l'infiniment grand et l'infiniment petit afin de souligner la disproportion de l'homme. Pardonne-moi cette digression, mais je ne résiste pas au plaisir de te faire partager le caractère génial et prémonitoire de ce passage si tu as la patience de le lire : sinon tu peux sauter la page et y revenir plus tard si tu le souhaites :

« *Tout le monde visible n'est qu'un trait imperceptible dans l'ample sein de la nature. Nulle idée n'en approche ; nous avons beau enfler nos conceptions au-delà des espaces imaginables, nous n'enfantons que des atomes, au prix de la réalité des choses. C'est une sphère infinie dont le centre est partout, la circonférence nulle part...*

Qu'est-ce qu'un homme dans l'infini ?

Mais pour lui présenter un autre prodige aussi étonnant (que l'infiniment grand), *qu'il recherche dans ce qu'il connaît les choses les plus délicates, qu'un ciron* (animalcule qui vit dans les détritus) *lui offre dans la petitesse de son corps des parties incomparablement plus petites, des jambes avec des jointures, des veines dans ces jambes, du sang dans ces veines, des humeurs dans ce sang, des gouttes dans ces humeurs, des vapeurs dans ces gouttes ; que, divisant encore ces dernières choses, il épuise ses forces en ces conceptions, et que le dernier objet où il peut arriver soit maintenant celui de notre discours. Il pensera peut-être que c'est là l'extrême petitesse de la nature.*

Je veux lui faire voir là-dedans un abîme nouveau. Je lui veux peindre non seulement l'univers visible, mais l'immensité qu'on peut concevoir de la nature dans l'enceinte de ce raccourci d'atome ; qu'il y voie une infinité d'univers, dont chacun a son firmament, ses planètes, sa terre, en la même proportion que le monde visible ; dans cette terre des animaux, et enfin des cirons dans lesquels il retrouvera ce que les premiers ont donné ; et trouvant encore dans les autres la même chose sans fin et sans repos... »

Le génial et prémonitoire chassé-croisé qu'il fait ici entre l'infiniment petit et l'infiniment grand montre bien qu'on ne pense l'inconnu qu'au moyen du connu.

Comment faire pour briser cette prison de notre esprit qui ne peut identifier les choses qu'au moyen du déjà rencontré et enregistré ?

Or René, sans le savoir, me donnait la clé. Lui qui semblait prisonnier de sa perte de mémoire était au fond plus libre que moi dans son approche du monde. Il était sans apriori, sans préjugé, sans anticipation, sans attente. Il ne plaquait pas du connu sur l'Inconnu ; il vivait la plupart des choses comme une première fois ; neuf à chaque instant ! Le fameux « vierge, vivace et bel aujourd'hui » tant convoité par le poète Mallarmé.

René, qui avait perdu des pans entiers de sa mémoire avait simplement perdu la connivence avec les autres, car ce qu'il avait appris à voir du monde, il le tenait des autres comme nous tous.

Il était comme ce Robinson qui avait échoué sur une île où les autres avaient disparu. Il est vrai que mon ami devait se sentir très seul et cela expliquait bien des angoisses ; car partager le rêve collectif du monde, c'est échapper au doute, au vertige de l'Inconnu. Mais cela lui donnait aussi une capacité à l'étonnement, à l'émerveillement, une curiosité que nous avions perdue et que nous aimions parfois retrouver chez l'enfant. René avait rajeuni. Il était l'anti-blasé et me forçait à regarder différemment le monde. Il devenait mon amnésie salutaire, ma cure de jouvence, ma source d'émerveillement quand le monde m'apparaissait parfois de plus en plus répétitif.

A ses côtés il me fallait non pas réapprendre, mais désapprendre pour apprendre autrement les choses.

Je me rappelle que Baudelaire avait dit que « la poésie était l'enfance retrouvée à volonté ». Or, René, sans le vouloir ni le savoir m'offrait une expérience poétique du monde.

D ailleurs, c'est ce que les surréalistes avaient tenté de faire à leur manière, comme je l'évoquais plus haut : déplacer les objets de l'endroit et de la relation attendue pour créer un étonnement sinon un émerveillement. Ils cherchaient à sortir de la prison logique et rationnelle du déjà vu, pour réapprendre autrement les êtres et les choses. Il suffit en effet de placer un objet à un endroit où on ne l'attend pas pour le faire exister autrement, l'empêcher de disparaître sous l'habitude.

Les toiles de Magritte pratiquent ce jeu ironique ; ses fenêtres et ses portes entrouvertes nous invitent à cette quantité d'Inconnu qui sommeille au-delà du miroir de la coutume et de la routine.

René m'offrait donc involontairement une leçon de philosophie en même temps qu'un réenchantement du monde.

Je ne sais comment dire sans éprouver une certaine honte, mais alors que son état s'améliore médicalement, j'éprouve une certaine nostalgie et même une peur de vieillir à nouveau, parce que, visite après visite, nous nous construisons une mémoire commune qui nous fait nous éloigner de plus en plus de cette innocence que j'avais retrouvée.

Mon beau sapin

C'est en songeant à mon enfance que l'idée me vient de te parler du langage. Aussi longtemps que j'ai cru au Père Noël - ne te moque pas de cette confidence - j'ai cru en regardant la carte de France que les fleuves venaient de la mer pour irriguer les terres. Avec la même naïveté j'ai longtemps cru que les mots poussaient sur les choses, qu'ils étaient la fleur visible dont les racines plongeaient dans la chair du réel ; au point même que leur sonorité devait être forcément comme l'écho de la chose.

Pour l'enfant que j'étais, les paroles étaient une musique dont les sons livraient le sens. J'étais sans le savoir alors un adepte du fameux Cratyle dont parle Platon. Grimpé sur une chaise aux réunions familiales, je récitais des poésies que je croyais comprendre avec le bonheur et la fierté d'un mélomane en culottes courtes. Je crois même sans forfanterie que mon âme enfantine aurait pu entrer sans effort dans le poème *Voyelles* de Rimbaud qui voyait le A noir, le E blanc, le I rouge, le U vert, le O bleu.

Sans bien le réaliser, quelque chose de magique devait forcément lier le mot à la chose, l'étiquette à l'objet. En ouvrant le dictionnaire qui trônait sur le bureau de mon grand-père je me sentais comme dieu le père qui fait naître le monde sous le verbe. C'est avec cette foi dans les mots et cet émerveillement que j'appris à lire en croyant cueillir un à un tous les mystères et toutes les richesses du monde.

Quand je lisais le mot sapin par exemple, je songeais forcément à celui de Noël. Mais comment se faisait-il que le même mot puisse servir d'étiquette à tous les autres sapins du monde ? Mon beau sapin n'était donc pas le roi des forêts ? Sans bien le comprendre et sans pouvoir l'exprimer, je commençais à ressentir dans les replis secrets de mon âme d'enfant, une aversion pour tout cet étalage de sapins au moment des fêtes de Noël. Je voyais bien que tous ces conifères enguirlandés avaient quelque chose en commun, mais je vivais mal qu'ils puissent porter le même nom que le mien.

Comment mon roi des forêts pouvait-il être confondu dans ce nom commun ? Un nom qui était, il est vrai, dans le dictionnaire bien avant mon arbre et qui ne pouvait donc avoir ses racines en lui. Je me sentais trahi par les mots qu'on m'avait pourtant imposés comme des vérités sous les images collées avec amour dans mon cahier d'écolier.

Comme une déception n'arrive jamais seule, c'est à cette même époque qu'on me révéla que le Père Noël était une invention, que les fleuves ne prenaient pas leur source dans la mer comme la forme des mots ne prenait pas sa source dans les choses.

Bien plus tard je compris mieux les raisons de ma déception, de mon amertume enfantine qui s'était sentie flouée par l'apprentissage du langage auquel on voue des pouvoirs magiques lorsqu'on commence à le pratiquer.

Sans être un linguiste et philologue distingué, j'appris que pour parvenir au mot sapin, on avait dû faire abstraction de tout ce qui distingue les arbres les uns des autres et regrouper quelques éléments approximatifs qui les faisaient se ressembler de loin. Nommer, c'était donc classer, non pas les choses réelles avec leurs incomparables nuances, mais des éléments partiels retirés du réel. Nommer c'était s'absenter du monde et s'enfermer dans un univers artificiel et abstrait.

C'était apparemment agréable et pratique de posséder le monde dans l'univers alphabétique et portatif du dictionnaire, mais en me retrouvant sous un vrai ciel, je sentais que je passais forcément à côté de mon arbre. Lui donner ce nom commun, c'était voir en mon sapin tous les sapins du monde, c'était le confondre. Mon roi des forêts descendait de son piédestal, il était comme déchu de sa noblesse pour rejoindre la cohorte des communs.

Or l'enfance de l'homme n'est jamais prête pour la démocratie. Elle rêve de princes et de princesses incomparables. Elle a besoin d'avoir le papa le plus fort, la maman la plus belle et le sapin unique. Sans bien le comprendre, c'est sans doute ce qui me chagrinait dans l'apprentissage du langage. Je gagnais en maîtrise ce que je perdais en vérité et en exclusivité. Le dictionnaire qui semblait m'ouvrir au monde m'enfermait en réalité dans un catéchisme grégaire.

Cette vague intuition enfantine à propos de mon sapin me poursuivit longtemps. Plus je progressais dans la maîtrise du langage, plus le monde réel semblait m'échapper, et lorsque je parlais, il me fallait accepter de vivre comme à côté de ce que je voulais dire.

Adolescent, cela me faisait souvent hésiter, chercher mes mots pour dire les choses les plus banales au point qu'on me conduisit chez un orthophoniste. Mon bégaiement venait de cette trahison des mots que j'avais pourtant considérés dans un premier temps comme mes plus fidèles amis contre l'étrangeté du dehors. Les noms propres ne me causaient aucune difficulté, alors que les noms communs me faisaient bégayer comme quelqu'un qui était pris en flagrant délit de mensonge.

Dès que j'avais à m'exprimer, je partais de la chose réelle qui était devant moi, mais jamais le mot ne pouvait sortir d'elle. Il me fallait tricher en allant puiser dans un réservoir commun et préconçu, l'étiquette convenue qu'on attendait de moi.

Je ressentais à la fois le jeu conventionnel mais aussi l'artifice de la parole, l'éloignement du réel qu'elle m'imposait. Je mesurais combien je détournais et j'appauvrissais ma sensation quand je devais la transmettre. Mes mots rataient l'objet, ils fixaient ce qui est toujours différent et inconstant. Alors, comment faire pour dire vrai ? Nous détournions, occultions, nous masquions les choses en les nommant, mais les choses ne pouvaient cependant s'échanger avec autrui qu'en acceptant cette approximation, cette fausseté, cette illusion qui est de croire à ce que nous disons, quand nous ne faisons que nous le dire. Telle était l'impasse de mon rapport au langage. Sans cette simplification, cette altération, cet appauvrissement du réel, on ne pouvait rien dire, rien échanger.

J'étais agacé à la fois par ceux qui me demandaient ce que je pensais de telle ou telle chose et plus encore par ceux qui me disaient la bouche en cœur qu'ils me comprenaient. Que pouvaient-ils comprendre ?

Valait-il mieux me taire ou consentir à cet échec du langage pour pouvoir vivre avec les autres ? Pouvait-on dire sans croire à ce qu'on disait ?

Je voyais bien que la majorité des hommes ne se posaient pas la question, n'avaient pas tant de scrupules. Les discours préfabriqués du dehors avaient colonisé, puis fait oublier leur parole intérieure, et ils décrétaient comme une pathologie ceux qui n'entraient pas dans le jeu du dictionnaire, dans le scrabble social.

Ils étaient entrés dans ce jeu étrange de dire ce qu'ils ignorent, comme s'ils le comprenaient, de croire réellement ce qu'ils pensent, alors qu'ils ne font que se le dire. Bref, pour eux, plus de sortie possible. Je ressentais douloureusement mon isolement progressif. Je fuyais les bavards et les discussions infinies qui se nourrissaient des malentendus, cette maladie endémique du langage. Je rêvais de silence. Pourtant, quelque chose dans les mots m'attirait toujours.

C'est la poésie, là encore, qui me sauva de l'autisme et rétablit le lien possible entre la richesse potentielle de l'univers et le dictionnaire. Puisqu'aucune formulation ne pouvait en finir avec une réalité qui toujours s'échappe et déborde des mots, j'ai découvert qu'il y avait un moyen de consentir à cet échec sans pourtant trahir le charme et l'infinie potentialité de nos regards sur le monde.

Pour échapper à la prison conventionnelle du langage, il suffisait de multiplier les points de vue et les façons de dire le monde. D'utiliser les mots contre eux-mêmes, en quelque sorte, en déplaçant leur utilisation habituelle. Les métaphores, les images, les métonymies profitaient de l'impossibilité d'en finir avec la réalité en ouvrant des brèches dans le carcan de nos vies.

Si je disais comme les poètes « trente voiles dehors », si je disais « croiser le fer », si je parlais de « l'obscure clarté qui tombe des étoiles », « de la douce violence », ou de la « faucille d'or », qui brille dans le ciel pour évoquer la lune, « des sanglots de l'automne » du « bateau ivre » ou « d'un trois mâts cherchant son Icarie » pour évoquer un état d'âme, je transformais l'échec du langage en puissance évocatrice. Dès lors, je m'appliquais à dire les choses d'une façon qu'on trouvait bizarre et cela ne me déplaisait pas.

Le problème est qu'à force de singulariser les choses communes, de les parler autrement, de sortir des conventions du dictionnaire, certes, je me réappropriais la chose, j'en multipliais la richesse poétique, mais je pouvais de moins en moins la partager avec les autres. Plus je faisais l'effort de dire les choses telles que je les ressentais, moins j'étais compris.

Il m'a fallu lutter pour ne pas connaître à nouveau une forme d'autisme et de solitude au cœur de mon enchantement poétique. Aujourd'hui que j'ai vieilli, que j'ai accepté la relativité des choses et la nécessaire imperfection du verbe, je parviens à entrer dans le langage pour ne pas perdre le partage et le bonheur de cette musique humaine, mais j'ai les mots en garde à vue entre les guillemets et les parenthèses de mon esprit, je mets des points de suspension derrière la moindre affirmation…

Ce fameux sapin de Noël dont je voulais te parler, ce lointain souvenir d'enfance a permis de préserver en moi une volonté d'utiliser les mots sans être dupe du langage, sans fanatisme, mais surtout à sortir aussi souvent que possible des discours pour entrer réellement dans les choses, à aimer autant faire que dire.

Des vaches et des hommes

« Ce qui ne m'exalte pas me désespère »
Lord Byron

« Arrête de ruminer ! » disait ma grand-mère, non pas pour condamner la mastication de ce caoutchouc de la jeunesse hollywoodienne, mais lorsqu'elle me sentait en proie à une pensée tenace qui plissait mon front d'adolescent. La métaphore est juste, car le propre de la pensée qui nous mine est de revenir sans cesse sur son objet. Mais pourquoi diable avoir emprunté l'image à l'espèce bovine !

Quand je regarde une vache dans les yeux, je me sens désarmé et les bras m'en tombent. Rien chez elle ne semble témoigner de cette rumination dont parlait ma grand-mère. Aucune pensée ne paraît la tourmenter. Chez elle, aucune esquisse de questionnement ni de Verticalité : le déplacement de son regard toujours en retard sur le train qui passe, sa façon de marcher l'amble, comme sa manière de mâcher, tout est horizontal. Parfois il m'arrive d'envier sa stupeur animale ou sa grande sagesse impassible. La contemplation de sa sérénité, de sa stricte observance silencieuse, il est vrai, m'apaise et pour un peu j'en deviendrais brahmane. Elle semble se contenter de ce qui est et ne manifeste aucune insatisfaction, aucun désir, aucune revendication. D'ailleurs sur le plan de l'image commerciale si « la vache qui rit » a davantage fait recette que « la vache sérieuse », la vache passionnée serait un contre-emploi et la vache syndiquée un fiasco assuré !

Il m'arrive cependant d'en voir qui cherchent à brouter au-delà du grillage comme si l'herbe lointaine et interdite était meilleure que celle de sa pâture et cela, pour un peu, me la rendrait fraternelle ; mais je sens là que je prête à ma vache des caprices et des sentiments humains, et ce serait sans doute lui faire offense.

Car l'insatisfaction, le désir qui naît de la pensée, de l'imagination d'un manque, est le propre de la nature humaine. Une appétence qui n'a rien à voir avec ce qu'on appelle le besoin, cette simple pulsion vitale qui existe chez tous les êtres vivants.

Ce désir qui nous caractérise est comme une énergie mystérieuse et infiniment renouvelable, un puits sans fond qui fait de nous des êtres définitivement incomplets et insatisfaits, cherchant constamment à améliorer notre condition et à augmenter nos possibilités, alors que les animaux, nos confrères, semblent au complet, en parfaite harmonie avec ce qui est et qui doit être.

Egarés au milieu de l'espace sidéral et parqués nous aussi par un étrange destin sur cette planète « bleue comme une orange », au lieu de brouter ce qui est dans les limites de notre enclos, notre esprit nous entraîne toujours au-delà des limites et produit ce poison diabolique de la tentation.

C'est bien là que s'origine notre différence et que commence notre histoire. Une histoire dont la cause première reste bien mystérieuse au point que l'on a recours à la fable pour l'illustrer. Dans la Genèse biblique, tout viendrait de ce premier homme qui ne se contenta pas d'obéir aux lois de la nature commandées par Dieu, mais voulut chercher à savoir et à décider par lui-même. On y raconte qu'il goûta à ce fruit défendu de la connaissance qui le remplit à jamais d'une suffisance et d'un orgueil encombrants.

Pourquoi avoir imaginé cette tentation sous la forme d'une pomme ? Je n'en sais rien, à vrai dire, même si dans la mythologie elle fut déjà l'objet d'une discorde qui conduisit à la guerre de Troie avant de devenir aujourd'hui l'emblème d'une célèbre marque d'ordinateur !

Mais depuis cette désobéissance, ce péché originel, il connaîtrait le tourment en ne cessant de convoiter ce qu'il n'a pas, d'inventer de quoi alimenter de nouveaux désirs. Qu'elle qu'en soit l'origine, c'est ainsi. Nous connaissons l'angoisse, cette vague oppression d'un manque. Et quand bien même nous avons tout ce qui peut satisfaire nos besoins, jamais nous ne sommes en paix. Toujours nous cherchons la part manquante qui chaque fois se dérobe quand nous croyons pourtant la tenir, et cela fait de nous des êtres définitivement frustrés, tiraillés sans doute par l'empreinte laissée en nous par un absolu que nous aurions perdu en même temps que notre innocence.

C'est ce qui expliquerait la quête infinie des humains, l'agitation des passions qui nous promettent ce qu'elles ne peuvent nous offrir. Agitations à travers lesquelles nous tentons de combler ce vide créé par notre rupture avec l'ordre du monde, la rupture du lien avec une origine que nos religions anthropomorphiques appellent la désobéissance au Père, ou le reniement de Dieu. Car toute religion cherche à recréer ce lien, à nous relier à nouveau à une origine qui nous manque pour faire taire nos passions, ces maladies du désir qui minent notre existence.

Mais au lieu de nous relier au cosmos, au grand tout dont nous ne sommes qu'un élément accidentel, nos fables ont tendance à nous donner une place privilégiée dans l'univers et non seulement confirment notre séparation avec les autres êtres vivants, mais finissent par nous diviser et nous enfermer à nouveau dans des sectes qui alimentent nos guerres.

La passion est un stupéfiant qui nous donne une ivresse sans laquelle le manque fondamental réapparaît sous les traits de l'Ennui, mais elle nous condamne à courir jusqu'à l'épuisement vers nos mirages. Comme le coureur de fond qui secrète une hormone euphorisante, nous trouvons dans l'addiction de nos agitations et de nos passions les plus folles, l'illusion d'une guérison qui ne fait que masquer un mal que notre dame bovine ignore.

C'est pourquoi il nous arrive d'envier la paix des bêtes avec une nostalgie inavouée et confuse : ces êtres apparemment incapables de se regarder dans un miroir, ces êtres sensibles mais sans une conscience révélée de leur vie comme de leur mort, qui sont rivés à l'instant, sans passé ni futur, sans culpabilité, et qui acceptent ce qui est avec une grandeur et une humilité que des siècles de savoir et de philosophie ne sauraient nous donner. Sénèque et Epicure sont à la traîne quand je regarde ma bovidée. En réalité, nous voudrions hypocritement son innocence sans lui céder notre suprématie, mais autant vouloir attraper le diable par la queue, car la conscience est le fruit d'une rupture sans retour.

Notre attirance, notre fascination pour le règne animal relève en grande partie d'un ressentiment diffus et paradoxal. C'est dans les moments de souffrance et d'échec, dans les périodes de crise, ou quand l'âge a fait son œuvre, quand l'amertume du vaincu a remplacé les illusions du vainqueur, que l'animal comme l'enfant deviennent alors le miroir d'une nostalgie de ce « vert paradis » dont parle Baudelaire.

Bien sûr, la passion a ses degrés d'intensité et d'élaboration selon la qualité des êtres. Il en est de modérées et d'excessives, de primaires et de sublimes. Parfois même, il est des êtres apparemment sans passion qui ne font jamais « ce rêve étrange et pénétrant » de Verlaine, qui ne connaîtront jamais l'ivresse du Bateau de Rimbaud, et n'aspirent à rien d'autre qu'à brouter l'ordinaire, car leur imaginaire, pour mille raisons, est resté en jachère.

Il en est aussi qui ont sublimé leur désir d'absolu en un dieu ou dans la pratique d'une sagesse philosophique. Mais le véritable passionné est un blessé de l'absolu, un malade de dieu. Il ne s'en remet pas des limites de l'humain. Il aspire à l'éther quand la pesanteur le cloue à terre. Il veut « embrasser l'aube d'été » comme cet obscur objet du désir du gamin de Charleville. Il désespère du quotidien, il veut braver le temps et la mort, être dans le divin ou rien. Sa vie est un chemin de croix qui monte au Golgotha.

Il pourrait simplement aimer les êtres et les choses comme on sort de soi pour s'ouvrir à l'autre et au monde, mais trop de douceur et de paix laisseraient filtrer une angoisse, et son ennui demande alors la flamme qui dévore et le feu qui consume. Il ne compte pas ses souffrances et ses peines pour ressentir cette exaltation que donne le chemin qui conduit vers les sommets. C'est pourquoi cette maladie dont il est la proie peut lui faire faire les plus grandes choses comme les pires.

Les passions du jeu, de la vitesse comme de l'alcool qui conjurent l'ordinaire et défient la mort peuvent ruiner et détruire, quand celles de la recherche, de la culture ou de la création peuvent conduire à l'heureux dépassement de soi.

Malheur à celui ou celle que le hasard de la vie a orienté sur un objet destructeur et qui ne trouve son stupéfiant que dans sa convoitise.

Cette maladie trop humaine fabrique de sourdes tyrannies, car ce patient impatient exige de l'être ou de l'objet convoité ce qu'il ne peut lui donner. Il veut que cette femme soit constamment à la hauteur de son rêve entrevu, qu'elle soit toujours comme la première fois. Il veut abolir cette clepsydre infernale qui rappelle que tout coule et que rien ne dure ; son âme de révolté veut l'éternité dans chaque instant, et personne ne comprend ni son acharnement, ni sa tyrannie d'écorché. Cette femme qui ce soir, à la lueur d'un éclairage favorable semble être celle qui incarne cet absolu tant désiré, demain, aura déjà perdu sa superbe, car pour un bateau ivre, « les aubes sont navrantes. »

Il croyait l'aimer quand il n'aimait qu'un mirage ; il croyait enfin s'élever vers « ces grands trous bleus que font méchamment les oiseaux » ; il pensait enfin échapper à sa finitude quand il ne faisait que confirmer son autisme et son autarcie. Car si l'amour est un lien affectif qui veut trouver l'autre, la passion est un désir d'ébriété qui n'a affaire qu'à soi.

J'ai moi-même souvent été dupe de la confusion. Ce n'était jamais elles que je rencontrais, mais les images emprisonnées dans ma tête malade de sublimité. Je gommais inconsciemment tout ce qui aurait pu ternir mon délire. Il me fallut du temps et bien des déconvenues pour comprendre qu'au lieu d'aimer, c'était mon illusion que je n'avais cessé de caresser avec égoïsme. Ce n'était pas elles que j'aimais avec ce fanatisme de l'adolescence, elles n'étaient que l'objet d'un désir autiste. Je restais en moi au lieu d'aller véritablement vers elles.

Il en est de même pour les choses matérielles. Cet objet que le passionné convoite ardemment, qui hante ses jours et ses nuits, pour lequel il se ruinerait, lui et ses proches, il croit être sur le point de l'obtenir. Mais la chose, parce qu'elle est chose se salit, se dégrade et la terrible lassitude fait son œuvre. La rouille est un rappel à l'ordre qu'il refuse. Mais voici qu'il en découvre un autre qui réveille son désir émoussé de collectionneur involontaire, et comme le Sisyphe de la fable - encore lui-qui pousse son rocher qu'il croit pouvoir conduire au sommet mais qui sans cesse retombe, il se condamne au recommencement perpétuel comme le Dom Juan de Molière.

Il aura beau lutter pour maintenir cette femme ou cet objet à la hauteur de son fantasme, ce ne sera toujours qu'un rêve éveillé qui ne peut que se terminer mal, dans la déception et la mort.

Il est possédé d'un désir sans fin comme ce « pauvre amoureux des pays chimériques » dont parle Baudelaire : il croit que « chaque îlot signalé par l'homme de vigie est un Eldorado promis par le Destin mais il ne trouve qu'un récif aux clartés du matin ». Comme son Albatros qui jamais ne se pose, comme ces voyageurs « qui partent pour partir et sans savoir pourquoi disent toujours : Allons ! », il n'aime que le défi, la conquête et l'ascension parce qu'il n'aime pas réellement la vie pour savoir en jouir. Dans sa course haletante vers le spasme, son orgasme est chaque fois vécu comme une petite mort.

La passion a quelque chose de tragique parce que la condition humaine est irrémédiablement la chronique d'une mort annoncée de toute chose.

Il est des fanatiques et des illuminés qui croient avoir trouvé en un dieu, une idole, un système, ou même un être, cet absolu qui nous taraude depuis que nous avons chuté dans le temps. Quelque chose en eux aspire à l'au-delà. Et puis, mourir au sommet, c'est évincer l'inévitable retombée !

Au lieu d'accepter que rien ni personne ne pourra jamais combler cet « obscur objet du désir », ils tombent dans le piège de croire que leur âme peut être guérie. Ils peuvent devenir la proie de leurs hallucinations et précipiter le monde dans l'Enfer de tous les chercheurs de dieux.

Et pourtant, sans cette quête d'exaltation, rien d'extraordinaire ne se ferait ici bas, et le destin de la vache qui regarde sans voir et mâchonne sans émoi ne peut être le nôtre. Les grands bâtisseurs, les chercheurs, et les créateurs témoignent du bénéfice de notre maladie d'origine quand les crimes et les guerres nous font parfois regretter l'impassible bovine.

Le défaut de sincérité

C'est un être entier et sans détour qui vante sa sincérité comme sa première qualité : « Moi, au moins, je dis ce que je pense ! » Chacun est prêt à l'approuver parce que nous détestons naturellement le mensonge. Cependant « cette franchise qui a pour nous tant d'appas » peut se révéler un défaut.

Je sais que tu ne vas pas aimer entendre que Dame sincérité n'est pas forcément un modèle de vertu. En réalité, c'est une coquette qui se prend pour un ascète. Sous le couvert d'une belle transparence de l'âme, elle peut être aussi un méchant témoignage d'orgueil et d'égocentrisme. En toute occasion, vouloir être sincère, c'est instaurer la terreur d'un Septime Sévère. Et puis il ne faut pas confondre la sincérité avec la Vérité.

On n'a pas forcément raison parce qu'on est sincère. On peut être sincèrement dans l'erreur ou franchement idiot. Et cela parce que la sincérité n'est pas fille de la raison mais de l'émotion. Elle donne les pleins pouvoirs au cœur, quand ce n'est pas à l'épiderme, en oubliant l'esprit. Elle confond l'intime et le social qui ne va pas sans une part de comédie nécessaire et salutaire.

Certes, je dois la sincérité dans l'amitié et l'amour, là où le cœur commande mon rapport à l'autre parce qu'il m'est proche. C'est une honnêteté comme celle que l'on se doit à soi-même. Se mentir, comme tricher avec ses sentiments est un vice condamnable qui peut avoir des conséquences dommageables.

Quand le cœur est en jeu, la sincérité est de rigueur. Dire que l'on aime quand on n'aime plus est une lâcheté coupable, dire que c'est bien quand ça ne l'est pas, ne permet pas à celui qu'on estime de corriger le trait.

Dans notre vie sociale, au contraire, il est profitable pour tous de savoir jouer notre rôle sans pour cela se confondre avec lui et c'est par l'esprit à défaut du cœur qu'il s'agit de commercer avec l'autre.

Lors d'une cérémonie de deuil, si l'autre ne nous est pas proche par le cœur, on tente de rejoindre son chagrin par l'esprit et c'est pourquoi on éprouve le besoin d'ajouter que nos condoléances sont sincères ; et cela est une sympathie fort civile. Au contraire, quand on partage la douleur d'un proche dans l'empathie, notre silence et nos larmes suffisent, et dire alors que l'on est sincère serait de trop, sinon indécent.

Ainsi, en société un peu d'hypocrisie ne nuit pas à l'affaire. Elle a la vertu de prévenir d'un jugement trop hâtif qui, pour avoir cru servir la vérité ne s'est donné ni le temps ni la possibilité du doute. Un jour il arrive qu'on réalise son erreur et que l'on comprenne mieux ce que l'on fustigeait trop vite. La sincérité à tout va est un peu trop souvent le propre d'une tête de linotte qui confond vérité et spontanéité.

D'ailleurs, croire que l'on est vrai parce que l'on est spontané est une erreur commune puisqu'à travers la spontanéité se déverse tout ce qui obéit à l'automate, à l'opinion, aux « pensées-perroquets », à tout ce qui n'est pas repris en main par la réflexion et la volonté vraie. Au fond, rien de moins authentique que le spontané !

Au contraire, un peu de retenue qu'on nomme civilité, ménage la complexité de l'autre, l'ignorance que nous avons de ses éventuelles blessures comme de sa sensibilité.

C'est en cela que la sincérité peut devenir une tyrannie et même une muflerie parce qu'elle considère le sujet comme un simple objet auquel on peut indifféremment imposer son état d'âme du moment.

Si l'aveu peut être souhaitable, on sait aussi qu'il soulage d'un fardeau trop lourd. C'est pourquoi, il est des circonstances où dire la vérité est une faiblesse quand la force et la bienveillance serait de porter seul le poids du secret.

Sans doute vais-je te choquer, mais vérité et mensonge ne sont pas toujours ennemis. Il est des mensonges pieux, comme on dit, qui visent à servir des vérités plus hautes. En termes de moyens et de fins, tout dépend du but qui anime le sincère comme le menteur. Il est des sincérités qui négligent l'autre ou même qui cherchent à blesser, comme il est des mensonges qui cherchent à ménager l'autre, qui ont pour but suprême de sauvegarder le bonheur des hommes ou l'ordre public.

La transparence à tout prix pour un individu comme pour un Etat peut conduire à des oppressions aussi nocives que l'abus du secret.

Rassure-toi, je ne suis pas un disciple de Machiavel. Si la fin peut parfois, je dis bien parfois, justifier les moyens, les moyens doivent toujours justifier la fin ; et s'il peut exister des mensonges pieux, ils restent majoritairement préjudiciables sinon condamnables. Mais toute vérité n'est pas bonne à dire n'importe où, n'importe quand et à n'importe qui. Ni jésuite donc, ni janséniste, tout est une question de circonstance, de mesure et d'intelligence avec le bien et le mal au-delà des principes généraux.

Et puis, il est des gradations dans la patique des contre-vérités. Il faudrait distinguer au cas par cas ce qui relève de la simple dissimulation, de la fable, de la menterie, de la tromperie ou de la fausseté … Tu le vois, la question n'est jamais aussi simple qu'on le souhaiterait.

Puisque je prends le risque de sortir de la pensée-perroquet, j'ose penser que le menteur est au fond moins désespérant que l'ignorant. Le menteur connaît la vérité alors que l'ignorant la confond à jamais avec l'illusion. Avec le menteur, c'est comme si la vérité continuait d'exister quelque part et on peut imaginer qu'elle finira par ressurgir à l'occasion. L'ignorant, lui, est plus désespérant en ce sens qu'il ne fait aucune distinction entre la vérité et l'erreur, ce qui le rend dépendant des rhéteurs, des démagogues et des malins en tout genre. L'ignorant subit l'opinion, le menteur la fabrique. A mon grand regret, il est donc plus libre que l'ignorant, c'est pourquoi il est par évidence celui qui prend le pouvoir. Si l'ignorant est l'esclave quand le menteur est maître, la seule manière de recouvrer sa liberté est donc de cultiver un savoir qui apprenne à mieux penser.

La sincérité, en société, est une cruauté envers l'autre mais qui prétend passer pour de la générosité quand elle n'est en réalité qu'une satisfaction de l'ego. « Moi, au moins, je te dis la vérité ». Le sincère est alors un Tibère qui se déguise en frère. Il méprise ce qui n'est pas lui, il fait de l'autre son continent et veut l'absorber en étendant son moi au-delà de ses frontières.

Trop souvent, la franchise est ainsi une négation de l'autre, et surtout le propre d'un sujet qui règle ses comptes avec lui-même, mais sur le dos d'autrui.

Grandir, c'est accepter l'altérité du monde et des autres quand notre enfance rêve d'étendre notre moi aux dimensions du monde. C'est bien en cela que le misanthrope de Molière, ce sublime Alceste nous touche tant. C'est un rêveur blessé qui refuse la réalité du monde extérieur, un être de souffrance qui voudrait que les hommes soient semblables à son rêve, c'est-à-dire à lui-même. Son idéalisme le rend tyrannique. Il croit être l'avocat du Bien, le pourfendeur des menteurs en faisant cependant tant de mal autour de lui :

« Je veux qu'on soit sincère, et qu'en homme d'honneur,
On ne lâche aucun mot qui ne parte du cœur. »

Son erreur, on le voit, est de confondre l'esprit et le cœur, la raison et les sentiments, le public et le privé.

S'il nous touche tant, ce qui le rend à la fois sublime et ridicule, c'est qu'il incarne nos blessures enfantines et adolescentes, notre nostalgie idéaliste face à un monde réel dont on découvre progressivement la résistance, la complexité, le paradoxe, la fébrilité aussi. Son combat est celui d'un refus de grandir, un refus de tout ce qui n'est pas un prolongement de son être particulier, un refus de l'altérité.

Au lieu d'apprendre à séparer son Moi du Monde, au lieu de ne pas exiger que notre être se confonde à notre paraître, il impose à ce qui est au-delà de lui, ses chagrins, ses humeurs avec l'impudeur et l'égocentrisme de l'enfance. Il veut « qu'en toute rencontre le fond de notre cœur dans nos discours se montre. »

Celui qui porte haut et fort un jugement en prétendant être franc, non seulement fait fi de la sensibilité de l'autre, mais cette sincérité revendiquée est le plus souvent davantage un préambule au dénigrement qu'à l'encensement.

Lorsqu'on veut témoigner de notre enthousiasme pour un être ou une chose, on éprouve beaucoup moins le besoin de préciser que notre approbation joyeuse est sans détour.

« Sincèrement vous êtes merveilleux, cette chose est sincèrement excellente ! » certes cela peut se dire, mais peut aussi avoir pour conséquence d'enlever de la crédibilité à notre emballement. A trop vouloir dire sa sincérité on risque de la faire suspecter. On se souvient de la flagornerie stratégique du renard de La Fontaine :

« Sans mentir, si votre ramage
Se rapporte à votre plumage,
Vous êtes le Phénix des hôtes de ces bois »

Par contre, on a davantage tendance à souligner notre sincérité, un peu comme une excuse, pour se donner l'innocence de dénigrer en toute liberté. On se souvient de l'épisode du sonnet dans *le Misanthrope*, après qu'Oronte a demandé à Alceste de lui parler avec sincérité et celui-ci de se lâcher en disant : « Franchement, il est bon à mettre au cabinet . »

En ce cas, cette apparente franchise est le comble de l'hypocrisie, du mensonge à soi, puisque l'on prétend servir la cause de l'autre alors qu'on ne sert que soi en déversant tout le fiel qui nous étouffe.

Quoi qu'il en soit, on voit bien que la sincérité qui a la fâcheuse tendance à se confondre avec la vérité et à passer pour une vertu, peut aussi témoigner d'un despotisme du cœur, quand ce n'est pas tout simplement une obéissance au flux de nos hormones.

La vie en société demande de ne pas imposer nos états d'âme et nos humeurs aux autres comme dans notre fonction. Et cela afin d'assurer, d'un côté, la préservation de notre être qui gagne à ne pas être confondu avec notre paraître, et de l'autre, l'harmonie de la société où chacun doit tenir son rôle. Comme disait Montaigne « il faut jouer dûment notre rôle mais comme rôle d'un personnage emprunté. Du masque et de l'apparence il n'en faut pas faire une essence réelle… il faut savoir distinguer la peau de la chemise. » D'un côté, éviter de devenir une marionnette sociale quand la fonction absorbe tout notre être, et de l'autre, éviter de perturber notre rôle comme nos relations en écoutant trop nos humeurs et nos systoles. On connaît cet égoïsme ordinaire de celui qui, parce qu'il s'est levé du mauvais pied, va le faire savoir à la terre entière qui va en prendre pour son grade tout au long de la journée.

On gagne en liberté à ne pas être dupe des charmes de Dame sincérité.

En ne confondant pas mon être profond et mon paraître, je préserve mon indépendance de jugement, ma distance critique et de plus, je ne laisse pas envahir mon rapport au monde par le diktat des humeurs qui peut non seulement perturber le jeu social, mais aussi être une source d’erreurs quand le cœur ou l’épiderme prennent trop d’ascendant sur l’esprit.

Selon le lieu et l’heure, tu le vois, la sincérité peut être un vice ou une vertu.

Le cœur incivil

La maîtresse est belle et gentille, c'est pourquoi il l'écoute avec attention et qu'elle dit forcément la vérité. Si elle a un physique austère et la véritable générosité de celle qui exige, déjà il ne l'écoute plus, il boude. Si elle insiste, pour un peu, il en deviendrait insolent. L'enfant ne respecte que s'il aime ; c'est ainsi. Son jugement est captif du sentiment et il ne consent à donner son attention et son esprit que sous la tutelle du cœur. L'affect brouille et encombre ses neurones et ce n'est que par l'émotion, la sensation, le plaisir que l'on peut lui faire entendre raison.

Il faut dire que depuis son berceau et le sein de sa mère il vit dans l'illusion d'un univers à son service, un univers dont il est non seulement le centre mais qui obéit à la logique de son désir et bat au rythme de son cœur. Chaque petite résistance du monde, chaque échec à satisfaire son désir immédiat est une douleur qui le fait crier de colère. Et pourtant, il ignore que ce sont ces contrariétés qui le feront grandir. Grandir, c'est-à-dire mesurer l'espace et le temps qui le sépare d'un monde qui va bien au-delà de son épiderme et ne se résume pas à ce qu'il sent. Il amorce alors le long chemin de l'apprentissage face à un univers qui lui est étranger dans le même temps qu'il se découvre de plus en plus étranger à lui-même. Il va lui falloir apprendre à ne pas confondre ce qu'il éprouve avec ce qui est et ce qu'il convient de faire, à ne pas confondre le cœur et l'esprit, à faire en sorte que l'affect ne colonise pas sa pensée.

Beaucoup n'y parviendront jamais et resteront des enfants qui se déguisent en adultes. Les plus habiles réussiront à dissimuler leur obéissance au système sympathique sous les traits de la raison à grands renforts d'arguties. Ils parviendront à démontrer par exemple que ce qui ne leur plaît pas n'est pas beau ou que ce qui ne leur revient pas est stupide et a tous les défauts de la terre.

Les haines viscérales, les mésententes épidermiques se déguiseront sous des « sophismes magiques » et des arguments alambiqués, mais l'intelligence de leur raisonnement sera encore et toujours sous la férule du cœur. Un cœur qui, comme un dieu caché, soumet ses dévots sous le voile en utilisant l'esprit, contre l'esprit lui-même. S'il n'aime plus son chien et qu'il veut s'en débarrasser, dit le proverbe, il finira bien par se faire croire qu'il a la rage.

Pourquoi tout ce détour me diras-tu ? Pour en arriver à te montrer que nous avons tendance à confondre l'estime et le respect parce qu'il est dur de grandir, de faire violence à notre sensibilité, à notre égocentrisme trop naturel.

Il y a de la mauvaise foi à ne prétendre respecter que ce que l'on estime puisque c'est confondre l'ordre du monde, des êtres et des choses, avec le battement de son cœur. C'est rester un enfant.

Grandir c'est distinguer le respect de l'estime pour sortir de notre prison de l'ego et pouvoir vivre en société. On doit pouvoir respecter même son ennemi et pouvoir saluer celui que l'on n'aime pas ou que l'on juge condamnable.

Toute société a besoin d'ordre, de rangs, d'obligations et l'on doit pouvoir montrer du respect à celui ou celle que l'on juge à tort ou à raison peu estimable. La vie sociale exige des devoirs et des cérémonies extérieures même quand le cœur n'y est pas. Cher Monsieur, je ne vous estime pas pour vos qualités morales et intellectuelles, mais je vous salue, non pas parce que vous êtes mon supérieur hiérarchique, mais parce que ma civilité l'exige. Pour parvenir à cette attitude civilisée il y a certes du chemin.

Je vois déjà poindre en toi la question qui te brûle : faudrait-il saluer et respecter un tyran, un monstre sanguinaire ?
Je conviens que tu touches là aux limites de mon propos. Mais cette exception n'exclut pas la règle.

Si l'on estime un être pour son honnêteté, sa beauté, son intelligence on n'aura guère de mal à lui rendre les hommages qui sont dus à ces qualités. Mais si l'estime peut conduire naturellement au respect, l'inverse n'est pas vrai.

Car la passion est comme un TGV qui ne peut emprunter les rails de l'esprit. Ce sont deux voies qui se croisent mais ne se confondent jamais. « Le cœur a ses raisons que la raison ignore » disait Pascal.

C'est pourquoi, pour éviter de dérailler, il est bon malgré tout de faire l'effort de séparer l'estime du respect.

Il en va de même pour les objets les plus simples comme pour les œuvres d'art. On peut ne pas être sensible à une œuvre ou ne pas marquer d'intérêt particulier pour tel ou tel objet de la vie quotidienne, mais on se doit de les respecter parce qu'ils sont le fruit d'un travail d'hommes et d'efforts de créativité.

Dans un monde de plus en plus consumériste où se sont banalisés le confort matériel et la facilité, on risque de gaspiller sans mesure ce qui mériterait sans doute un peu plus d'attention.

L'homme risque de redevenir cet enfant qui passe d'un jouet à l'autre, les malmène et les casse selon son humeur. Il confond à nouveau et de façon imperceptible l'estime et le respect.

Le terrorisme de la mode nourrit cette instabilité du cœur qui fait que l'on jette parce qu'on n'aime plus.

Si l'estime est agréable et souhaitable, elle n'est pas indispensable, c'est un luxe dont on peut se passer sans dommage. Au contraire, le respect est non seulement une marque de civilité, mais une qualité fondamentale sans laquelle toute société se délite et tombe dans la barbarie. La loi du cœur livré à lui même, on le sait, peut devenir assassine.

Manquer de respect c'est nier l'autre, c'est refuser de reconnaître ce qui n'est pas moi, c'est m'approprier sans autre forme de procès et selon mon caprice ou mon humeur ce qui ne m'appartient pas, comme la nature, l'animal, mon semblable mais aussi moi-même. Car on peut ne pas se respecter en oubliant que nous ne sommes ni l'origine ni la fin de toute chose, mais une parcelle transitoire empruntée à ce Grand Monde et que notre corps comme notre esprit méritent donc quelques égards.

Manquer de respect est un peu comme une violation de domicile, c'est se croire propriétaire quand nous ne sommes que locataires de cette vie comme de nous-mêmes.

En ce sens, l'irrespect peut être non seulement une faute sociale mais aussi une profanation au sens métaphysique quand on se comporte comme si nous pouvions disposer à loisir de ce qui reste un mystère au-delà de nous. Jouer ou risquer la vie de l'autre comme de la sienne avec désinvolture, ou s'arroger le droit à la peine de mort, c'est comme faire un chèque sans provision puisque l'on fait comme si ce qui ne nous appartient pas nous appartenait.

Quand les noirs seront noirs

C’est dans un compartiment de train comme il y en a de moins en moins aujourd’hui. Une petite fille est assise auprès de sa grand-mère. Le train fait un arrêt dans la gare d’une petite ville de province. Quelques rares voyageurs descendent et quelques autres montent. Au moment où le train s’ébranle à nouveau pour le départ, la porte du compartiment s’ouvre sur un homme de couleur qui entre en faisant un large sourire aux deux voyageuses. Ses dents d’ivoire illuminent son visage et sa peau noire. La gamine jusque-là plongée dans son livre d’images rempli de princesses, de bons sentiments et de princes charmants, regarde avec l’insistance que donne l’innocence cet homme étrange qui vient de s’asseoir en face d’elle. Il est en effet bien loin de ses rencontres habituelles et de ses contes de fées. Pourtant, il lui sourit avec un regard complice, pendant que la grand-mère cherche à détourner le regard ébahi de l’enfant qui trahit une curiosité gênante dont elle devine la cause. « Arrête d’embêter Monsieur et reprends ton livre! »

La gamine ne semble pas entendre et en mettant sa main devant sa bouche avec un air espiègle elle se tourne vers sa grand-mère en murmurant assez ostensiblement : « Le Monsieur, il est tout noir ! - Arrête, veux-tu, et occupe-toi de ton livre. »

Au lieu d’obtempérer, l’enfant récidive cette fois en montrant l’homme du doigt et en cherchant l'approbation. « Mais si, regarde Mamie, il est tout noir ! - Mais non, laisse Monsieur tranquille, il n'est pas noir. – Mais si, il est tout noir. – Je te dis que non ! Tu vas te taire maintenant », dit la vieille dame d'un ton ferme tout en esquissant une grimace d'excuse en direction du voyageur. Ce dernier lui envoie un petit signe complice lui signifiant que ce n'est pas grave. La dame se replonge alors avec une ferveur simulée dans les pages de son magazine en jetant régulièrement un œil autoritaire sur sa petite fille pour l'empêcher de récidiver. Mais l'enfant est boudeuse. Elle a une obéissance contrariée et lance par intermittence des regards qui semblent accuser l'intrus en le rendant responsable de sa réprimande.

Au fond, c'est de sa faute si elle s'est fait gronder. Elle est coupable à cause de lui de quelque chose qu'elle ne comprend pas.

Ses œillades dérobées sont de plus en plus remplies de colère vis à vis de cet homme qui n'est pas blanc comme tout le monde. Il est là, comme un interdit encombrant. Elle doit faire comme si elle ne le voyait pas, comme si il n'était pas noir parce qu'être noir, sans doute, c'est mal.

Le train s'arrête de nouveau. L'étranger se lève et salue les deux passagères avant de sortir.

La vieille dame esquisse un geste de politesse forcée au-dessus de ses lunettes et il y a comme un soulagement inavoué. Elle reprend alors un sourire de bienveillance à l'égard de sa petite fille et c'est comme si, sans ce noir, le monde retrouvait son innocence.

Il aurait pourtant suffi de dire à la petite fille que le noir était noir comme le blanc est blanc, un peu comme il existe des moutons blancs et des moutons noirs, et que la diversité est une chance d'enrichissement qui évite l'ennui de l'uniformité. Mais la tâche a dû lui sembler trop difficile. Elle n'avait aucune méchanceté, n'était aucunement raciste, comme on dit, mais quelque chose en elle n'était pas résolu. Elle ne trouvait pas les mots, ne savait pas comment s'y prendre pour dire les choses sans mentir et sans blesser. Elle était sans doute héritière comme beaucoup d'une gêne, d'une ambiguïté qu'elle tenait de ses parents qui l'avaient eux-mêmes hérité de leurs parents et ainsi de suite.

Il y avait bien sûr ce vieux passé colonial, l'esclavagisme, mais cela remontait sans doute plus loin encore. Il faut dire que depuis toujours, l'homme est encombré par ce qui lui est étranger. Il n'accepte l'étrangeté de la nature comme de l'autre uniquement lorsqu'il peut s'en rendre maître, c'est-à-dire s'en débarrasser, faire comme si ils n'existaient pas.

Comme pour la grand-mère du compartiment il est trop difficile ou trop compliqué de reconnaître qu'un noir n'est pas blanc et que cela est heureux. La gêne et la paresse finissent par l'emporter et le mépris ou la haine de l'autre ne sont alors, comme pour la petite fille, que l'expression d'une vague mauvaise conscience refoulée.

Quand les noirs seront noirs et les blancs seront blancs, le monde aura enfin retrouvé le regard de l'enfance.

Le bonheur - du - jour

Il est un petit meuble très en vogue au XVIIIème siècle, un bureau à tiroirs le plus souvent destiné à l'écriture, et qui porte le joli nom de bonheur-du-jour.

J'aime à penser que ce petit meuble d'alcôve était fait pour rappeler combien le bonheur est fugace et qu'il demande sans doute une attention de chaque jour pour les choses les plus simples.

C'est Albert Camus qui notait dans *l'Envers et l'Endroit* : *« J'étais comme un convalescent qu'on a nourri de bouillons et qui pense à ce que sera la première croûte de pain qu'il mangera. Une lumière naissait. Je le sais maintenant ; j'étais prêt pour le bonheur. »*

On ne pourrait donc goûter au bonheur des choses que parce qu'elles nous ont manqué ! C'est le manque qui creuserait en nous une attente, une disponibilité au bonheur. Il est vrai ; celui qui reçoit sans connaître la privation, sans avoir eu la peine de désirer, s'ennuie. Alors, comme un enfant trop choyé, il casse ses jouets pour se distraire, fait des caprices impossibles pour ressentir à nouveau le manque et le désir.

Ce serait donc notre insatisfaction qui permet à la fois d'échapper à l'ennui et de pouvoir éprouver du bonheur. Mais ce moment de la satisfaction qu'il faut savoir goûter, on le sait ne peut durer, car notre esprit est volage et notre corps instable.

Telle serait donc l'alternative tragique de notre condition humaine : la satiété conduirait au spleen et le manque à une quête finalement illusoire ?

L'idée du bonheur serait donc une chimère tyrannique qui nous ferait croire qu'on désire vraiment ce dont on se lassera assurément, une feinte en somme qui nous ferait avancer pour ne pas sombrer dans l'ennui « fruit de la morne incuriosité » ?

Tu dois songer que je dresse là un portrait délibérément désespérant de notre condition humaine. En réalité, il y a une façon de contourner ce qui peut sembler une impasse. C'est de faire de ce besoin inavoué du manque, qui est la marque de notre espèce, le moteur de notre appétit de vivre ; de convertir ce qui peut sembler tragique en une force d'action, un bonheur de faire, et de guérir le mal par le mal en somme.

Puisque le bonheur, comme quelque chose qui se mange, est non seulement une illusion, mais aussi une promesse de médiocrité, on peut découvrir qu'il se trouve davantage dans la quête elle-même et le projet que dans la consommation d'objets vite épuisés qu'on n'a pas eu le temps de désirer, de mériter. On réalise alors que le contentement est dans le chemin qui mène vers un but que l'on n'atteint jamais, qu'il faut même ne jamais avoir la sensation d'avoir atteint.

Le bonheur serait un peu comme la pratique de l'alpinisme. Il faut au montagnard recommencer sans cesse des ascensions parce que le sommet en lui-même ne suffit pas à remplir sa vie d'homme. Il grimpe pour grimper, comme on fait pour le plaisir de faire et non pour le bénéfice de l'avoir. Certes il veut le sommet comme un excitant, comme une victoire sur lui-même, mais une fois en haut, il sait aussi que l'émotion sera courte, le temps d'une photographie qui la met déjà au passé. Son bonheur-du-jour, c'est davantage la préparation de la course, la rosée du matin, les pas lourds et graves sur la pente qui lui font sentir qu'il existe, même si ses muscles lui font mal ; surtout si ses muscles lui font mal.

Son bonheur-du-jour c'est son regard levé sur la chaîne de montagnes qui se découpe sur un ciel incroyable et taquine son espérance. Ce sont les odeurs des fleurs sauvages, la brise qui accompagne sa sueur, c'est la gourde d'eau fraîche qui va apaiser sa soif. Il est heureux de sa fatigue et de sa soif qui lui font aimer le goût de l'eau et du repos mérité. Perdre le repos et la soif est le commencement du malheur, du vrai désespoir. Le bonheur-du-jour est un petit meuble dont il faut apprendre à ouvrir les tiroirs.

Sans doute y-a-t-il un bonheur supérieur à ne pas se satisfaire du but, mais à trouver une félicité plus grande encore dans le combat, la lutte pour une cause plus grande que soi. Un but dont on sait là encore qu'on ne l'atteindra peut-être jamais, mais qui fait avancer le monde en même temps que soi. Rien n'est sans doute comparable au bonheur de participer à un mouvement qui nous dépasse, de retrouver cet enthousiasme, cette foi collective bien au-delà de l'ego, dans le partage et la communion.

Et puis, s'il peut y avoir de la honte à être heureux tout seul, donner du bonheur à l'autre est certainement la plus subtile et la plus durable des béatifications qui met au rang des bienheureux terrestres.

En ce sens tu n'aurais pas tout à fait tort de penser que le bonheur-du-jour peut alors conduire à ce qu'on appelle la joie. Car la joie est différente de ce qu'on a coutume d'appeler le bonheur. Si le bonheur peut être un Graal, une convoitise qui, comme dans les mauvais rêves, recule quand on avance, la joie, elle, n'est pas dans l'espérance ; elle est un sourire spontané à l'instant. Elle ne rêve pas d'ailleurs ni de sommets, mais surgit inopinément d'une adhésion totale et inconditionnelle au ici et maintenant, d'une harmonie entre moi et le monde qui n'est pas préméditée. Elle explose en rires, en larmes et en frissons. Elle a quelque chose d'inexplicable, de mystique, de divin, car elle échappe au temps, à la tyrannie du futur comme du passé.

Elle est un moment d'éternité suspendu entre ciel et terre. C'est une capacité des grands mystiques, des musiciens ou des êtres simples, rarement des intellectuels.

Mais ce moment de grâce et d'extase, ce miracle de la joie, lui aussi, comme le bonheur-du-jour est éphémère car notre corps, toujours, nous rappelle notre finitude c'est-à-dire au manque. Et c'est encore Albert Camus qui nous le confie dans son amour de vivre :

« Petit puits du cloître de San Francisco, j'y regardais passer les vols de pigeons et j'en oubliais ma soif. Mais un moment venait toujours où ma soif renaissait » (L'Envers et l'Endroit)

Nettoyer les mots salis

Parce qu'au commencement est le verbe, des mots naissent, meurent, se transforment et portent dans leur chair l'histoire des hommes. Les peurs, les colères et les amours changent leurs couleurs au gré du vent. Et il arrive qu'on maudisse ce que l'on bénissait ou que l'on bénisse ce qu'on maudissait. Tu verras au cours de ton existence bien des mots innocents devenir coupables et inversement selon les circonstances, parce que les mots, à l'image de toutes choses, subissent l'érosion du temps, tombent en désuétude, mais surtout se métamorphosent au point d'oublier leur origine. Même si l'étymologie est une quête de leur ADN, il arrive que l'usure et l'usage soient plus forts que leurs racines. C'est ainsi ! Comme pour les êtres humains, il arrive qu'un mot ait tout pour réussir, mais que le contexte parvienne à le détourner et même à le dévoyer.

Son emploi efface alors son sens originel; son existence dirait le philosophe prévaut sur son essence.

Je ne te ferai pas ici la liste infinie de tous ces mots et expressions qui se sont usés, ont changé de sens ou sont tombés dans l'oubli, même si cette archéologie, cette paléontologie verbale serait enrichissante et passionnante.

Puisque je te parle de l'instabilité de toute chose il me vient à l'esprit cette expression célèbre de Montaigne : *« le monde n'est qu'une branloire pérenne ».* Le mot « branloire » évoque à cette époque le mouvement comme celui d'une balançoire, et non pas ce qui fait rire sous cape un prépubère d'aujourd'hui. Et si j'insiste auprès de cet adolescent pubescent en lui demandant de « bander » son esprit, il va regarder ses camarades hilares en rougissant.

Quand ce même Montaigne parle du *« commerce des hommes »*, il n'est nullement esclavagiste, du *« commerce des femmes »*, il n'est pas proxénète, ou du *« commerce des livres »*, il ne se veut pas libraire. Le mot « commerce » signifie simplement au XVIème siècle la « fréquentation », « la relation » de même que le mot « librairie » signifie « bureau-bibliothèque » et non pas un commerce où l'on vend des livres et parfois même bien d'autres choses. L'économisme et le marketing sont passés par là !

Je pourrais te parler longuement de bien d'autres auteurs qui sont comme les dépositaires de notre fluctuation humaine et verbale. Je pourrais te parler longuement de Rabelais, grand maître de la matière verbale dont nous avons souvent perdu la richesse poétique et évocatrice. Il y aurait du profit à faire fondre nombre de ses *« paroles gelées »* qui donneraient de la musique et de la couleur à notre monde devenu plus abstrait.

Je me contenterai simplement d'un petit saut de deux siècles en évoquant la notion de « libéralisme » par exemple.

Quand le mot émerge il est porteur de son sens premier de liberté. Etre un libéral, c'est s'opposer à toute forme d'autorité supérieure, à commencer par celle des Rois ou des empereurs qui, au nom de Dieu, décident de l'organisation de la cité et bientôt de la morale. Le libertinage de Dom Juan, puis du siècle des lumières, sera l'expression provocatrice de ce désir d'émancipation.

Mais avec le développement des techniques et de l'industrie, des échanges et des transports, du marché mondialisé et de la finance, cette liberté devient une geôle sous la forme d'une compétition capitaliste infernale proche de la loi de la jungle. Le « libéralisme » devient alors un terrorisme économique, et ce mot si beau, si humaniste au départ, finit par désigner une forme de machiavélisme et d'oppression terrible.

On en oublierait même que l'expression « faire le libéral » signifie faire preuve de civilité et de générosité. Ainsi, ce qui était synonyme de magnanimité devient au contraire synonyme d'égoïsme barbare. C'est docteur Jekyll qui devient Mister Hyde au gré des circonstances et de nos humeurs.

Cependant tu ne dois pas oublier la belle origine de certains concepts devenus détestables et sortir un peu de l'air du temps pour ne pas être dupe de l'opinion qui oublie le sens originel des mots et le bénéfice que l'on peut en tirer.

Ce travail de ravalement du langage permet de ne pas être manipulé par ceux qui savent diaboliquement les utiliser. Quand les nazis d'Auschwitz avaient mis comme emblème du camp de la mort : « le travail rend libre », c'était pour tromper et masquer l'horreur derrière une formule qui contient à l'origine une vérité philosophique et économique dans un autre contexte.

Ainsi, le sens des mots dépend de qui les emploie, de la situation et de l'intention. Mais si les mots peuvent se salir, nous pouvons aussi les nettoyer pour en tirer la substantifique moelle.

Pourquoi tout ce détour me diras-tu ? J'y arrive. Il est un concept très souvent employé de nos jours qui alimente les polémiques et nourrit les bonnes et les mauvaises consciences en tout genre, c'est la notion de « discrimination ».

Voilà un mot sali par les circonstances et qui est devenu synonyme de racisme et d'intolérance. Si je demande au petit Robert de m'éclairer sur ses origines, je découvre qu'il signifie au sens littéral « l'action de distinguer, de discerner les choses les unes des autres avec précision ».

Il me souvient de la réplique du personnage de *l'Idée fixe* de Paul Valéry qui s'exclame avec humour : « *Il n'est pas toujours facile de discriminer ... - J'adore ce mot. Il fait toujours très bien... Discriminons, discriminons...* »

En réalité, c'est une démarche de l'intelligence humaine qui remonte bien au-delà de Descartes et même d'Aristote. Classer, séparer, distinguer c'est éviter la confusion et le mélange préjudiciables pour penser et mieux pénétrer la subtilité du monde.

Or, si en théorie, apprendre à distinguer ce qui est différent est un enrichissement, l'occasion d'une reconnaissance de chaque élément au lieu de les fondre dans le flou appauvrissant de l'indifférenciation, dans la pratique sociale, l'action de séparer, de ne pas confondre, amène à mépriser un élément, un groupe par rapport à l'autre, et cette distinction se fait presque toujours au détriment d'un des deux groupes humains.

Reconnaître qu'un noir n'est pas un blanc, qu'une femme n'est pas un homme, qu'une civilisation est différente de la nôtre, au lieu de profiter avec respect et intérêts des qualités des uns et des autres, cela va conduire dans la pratique à construire le mépris et la domination des uns par les autres et à instaurer implicitement une hiérarchisation. L'usage, la psychologie fragile et la bêtise auront raison de l'intelligence initiale de celui qui voudrait distinguer pour enrichir sa vision du monde.

La mauvaise foi a raison de la bonne, telle est la Misère de l'homme qui éprouve presque toujours le besoin de se sentir supérieur à quelqu'un ou à quelque chose. Il me souvient du vieux Salamano dans *l'Etranger* d'Albert Camus qui insulte son brave chien plein de « croûtes » de « salaud, charogne » et qui se sent pourtant perdu sans lui. Je pense à Jean-Paul Sartre dans ses *réflexions sur la question juive* qui notait que « si le juif n'existait pas, il faudrait l'inventer ».

Aimer ce qui est différent est bien difficile pour l'homme majoritaire comme si l'autre était une menace pour son identité, comme si son moi était une ville fortifiée en état de siège. Sortir, représente alors une peur, une prise de risque qu'il lui faut conjurer par le mépris et le renforcement des fortifications contre un ennemi d'autant plus dangereux qu'il voudrait être semblable et entrer dans ses murs.

Car si aimer ce qui est différent lui est difficile, aimer son semblable lui est tout aussi douloureux. S'il a besoin de mépriser ce qui n'est pas lui pour se valoriser soi, il n'est pas plus à l'aise quand il lui arrive de se reconnaître un peu trop dans l'autre.

Son problème identitaire est en effet exacerbé lorsqu'il lui arrive d'être confronté à son double. C'est la difficulté que peuvent parfois rencontrer les jumeaux. En effet, comment puis-je me sentir exister quand il y a en face de moi quelqu'un qui est autre et moi tout à la fois, et me vole en quelque sorte ma singularité. C'est comme une attaque, non plus extérieure, cette fois, mais de l'intérieur ; c'est le cheval de Troie en somme ! Curieusement, la jalousie est même parfois plus grande quand on réduit les différences, ce que Alexis de Tocqueville dans sa *Démocratie en Amérique* avait bien démontré sur le plan politique et social.

En effet si celui qui m'est préféré est totalement différent de moi, ni ma qualité, ni mes compétences ne se sentent réellement contestées. Je peux même imputer mon échec aux circonstances, à l'injustice et me conforter dans la victimisation. Au contraire, si l'élu est très proche de ce que je suis, c'est ma qualité propre qui est remise en cause et cela blesse davantage l'image que j'ai de moi-même, car l'estime de soi dépend du regard des autres.

Tu le vois, exister n'est pas chose aisée. L'homme dans sa psyché, et sans se l'avouer clairement, est comme encombré de lui-même.

Il a besoin de se distinguer, et pour confirmer sa propre valeur il peut se laisser aller à inférioriser l'autre.

C'est pourquoi malheureusement on se prive désormais de l'avantage qu'il y aurait à distinguer, à ne pas confondre les êtres et les choses en nous enrichissant des différences parce que le mot « discrimination » a été sali par l'usage et notre Misère humaine.

Le chant des perroquets

> *« Tu causes, tu causes, c'est tout ce que tu sais faire »*
> Le perroquet de *Zazie dans le métro*
> Raymond Queneau

A la différence de la graine qui féconde la terre ou des plantes qui poussent sans broncher dans un silence sidéral, les insectes, les oiseaux et bien des vertébrés accompagnent leur vie de signes plus ou moins élaborés que nous appelons, sans doute avec excès, un langage. Je dis avec excès, car tu le sais, nous avons comme caractéristique inhérente à notre espèce le défaut de tout ramener à nous, et de glisser sur la pente rassurante de l'interprétation !

Tout se passe donc comme si dans le règne animal, et plus particulièrement chez l'animal que nous sommes, les actes ne suffisaient pas. Il nous faut les faire précéder, les accompagner de paroles, les commenter, mais surtout, et c'est là notre particularité principale, nous pouvons faire en sorte que le langage se dissocie, et parfois même se substitue à nos actes.

Dans notre vie sociale la plus courante, qui est faite d'échanges, nous éprouvons le désir de rompre notre solitude fondamentale et de trouver en l'autre, sinon un prolongement, tout au moins un écho de notre moi.

Ainsi lorsque l'on a recours au langage c'est pour évoquer et partager une situation vécue, forcément singulière, ou pour traduire une parole intérieure, une sensation individuelle.

C'est là toute la difficulté, car comme je te le disais plus haut, la réalité ne se laisse pas facilement attraper par les mots ; elle est fluide, instable et le langage, qui est nécessairement le fruit d'une donnée statistique et conventionnelle, ne se plie pas forcément très bien à une situation que l'on ressent à tort ou à raison comme unique, sans comparaison avec ce qui a déjà eu lieu.

Heureusement, la richesse des dictionnaires et des grammaires permet malgré tout une infinité de combinaisons musicales toujours nouvelles pour tenter d'approcher au plus près et le plus fidèlement possible de ce qui demande à se dire.

L'effort syntaxique peut-on dire, est une gymnastique mentale de souplesse pour tenter de rendre compte à soi-même comme à l'autre d'une réalité particulière.

Or, la langue de bois, comme son nom l'indique, n'a aucune souplesse ; comme le chêne, elle a la raideur de ce qui ne veut se plier à aucune circonstance. La langue de bois est une curieuse expression du XXème siècle qui nous vient des dictatures totalitaires de l'Est. C'est un discours théorique tout préparé à l'avance qui ne veut pas tenir compte des particularités du réel. C'est la langue de toutes les idéologies. Car le propre de ce qu'on appelle une idéologie est d'être aveugle et insensible au réel, de nier jusqu'à la violence et la terreur tout ce qui n'est pas conforme à l'idée, à l'image qu'elle propose du monde. Le terroriste, le fanatique est persuadé que la vérité du monde est dans ce qu'il imagine et récite et non dans les faits.

La langue de bois est donc le discours de tous les systèmes totalitaires en général, bien au-delà des régimes communistes. Elle s'apparente à une pratique religieuse, une liturgie qui récite une langue ésotérique, incompréhensible pour ceux qui ne sont pas entrés dans son église. C'est le langage des technocrates de tous poils, de tous ceux qui cherchent à esquiver les aspérités et les résistances d'une situation concrète en entrant dans les ordres d'une chapelle particulière.

Elle est la langue de ceux qui se réfugient dans le paradis artificiel des bureaux, des statistiques et de l'informatique, des bulletins officiels, des articles de lois, des discours qui fonctionnent comme des mécaniques abstraites parfaitement orchestrées.

De sorte qu'avec la langue de bois on ne se trouve jamais face à une intelligence sensible et humaine, face à un être charnel mais face à une ventriloquie généralisée où chaque marionnette est comme remontée à l'avance. C'est la « langue-perroquet » par excellence.

La langue de bois est donc un réservoir de réponses impersonnelles et toutes faites qui évitent de s'engager personnellement et de risquer de déplaire à ceux qui pourraient compromettre une ambition de carrière. Elle est un passe-partout, une carte joker qui s'utilise pour se sortir de toutes les situations où il s'agit d'éviter une réalité qui demanderait que l'on s'engage. C'est un peu une sorte de « méta-langage », qui fait entendre ce qu'il est convenu de dire pour ne pas déranger l'état des choses et ne pas se mettre en danger. C'est la langue des diplomates, des stratèges politiques qui ménagent leurs appuis, la langue des bienséances et des condoléances.

Elle s'attache à la forme pour masquer un fond où tous les pouvoirs institués risqueraient de perdre pied. Elle permet de cacher la parole intérieure qui peut être une source de désordre. Car la réalité rétive des choses de ce monde est souvent une violence faite à l'esprit.

C'est pourquoi, elle utilise l'euphémisme, la périphrase qui sont des ruses verbales pour esquiver, pour ne pas dire tout en disant. Tu te souviens de l'épisode du sonnet d'Oronte dans *le Misanthrope* de Molière que j'évoquais plus haut, où Alceste s'y essaye à coups de « je ne dis pas cela, mais enfin » et qui finit par laisser éclater sa parole véritable. Ainsi on parle de « demandeurs d'emploi » pour ne pas dire chômeur, de « non voyant » pour ne pas dire aveugle, de « pays en voie de développement » ou « émergeant » pour ne pas dire pauvre, d' « exigence du marché » pour ne pas dire « dégraissage » ou licenciement, de « croissance négative » pour ne pas dire la crise, d « effort budgétaire » pour ne pas dire suppression des aides.

La langue de bois pratique aussi les formules figées, vagues et vides, et si possible les plus obscures, de telle sorte que le pratiquant ne peut être mis en défaut derrière un ésotérisme qui force l'autre à feindre de comprendre ce galimatias pour ne pas passer pour ignorant.

La langue de bois affectionne donc les formules obscures et pompeuses qui cultivent l'émotion comme « la France vous regarde », mais aussi des « mots-clés » qui forcent l'adhésion comme les notions de « partage » et d'« ouverture » sans bien savoir à quoi, de quoi, ni pourquoi.

C'est une langue taillée dans un bois qui offre l'immunité et l'irresponsabilité, puisqu'elle utilise et applique à la lettre les procédures attendues et les normes officielles. Elle est l'alliée de la mauvaise foi. Comme tous les intégrismes elle s'attache davantage à la lettre qu'à l'Esprit, mais elle est par ce fait inattaquable comme le serait le pratiquant sectaire d'une religion. L'excès de son zèle a beau être suspect, il ne peut cependant être dénoncé sans risquer d'ébranler tout l'édifice et les pratiquants modérés eux-mêmes qui ont donc tous intérêt à le protéger. Comme le dit le *Dom Juan* de Molière *« qui en choque un se les met tous sur les bras ! »*

Peut-on reprocher à un homme d'appliquer avec zèle ce qui est de règle ?

Les Tartuffes utilisent donc habilement les lois et les consignes officielles afin de se mettre à couvert et ne pas répondre à la situation comme à la question posée.

Chacun sait qu'on peut être dans son droit, dans la légalité, et cependant profondément injuste. La langue de bois est une façon de faire le sourd et l'aveugle, en prétendant entendre et voir afin de se mettre dans son droit même quand on a tort.

C'est ainsi que chaque domaine nécessairement régulé par des conventions a sa propre langue de bois, une réponse convenue qui sert des intérêts et des pouvoirs de tous ordres.

Il y a la réponse convenue du président, du ministre, du banquier, du magistrat, du militaire, de l'avocat, du procureur, de l'inspecteur de l'enseignement, du médecin, du pape et du curé, du fonctionnaire de l'administration, de toutes les institutions en général et de tous les pouvoirs majuscules ou minuscules.

A bien y réfléchir, la réponse convenue touche toutes les corporations, du patronat au syndicat, du commerçant à l'agriculteur. La langue de bois peut aussi être le discours convenu des parents, des vieux, des jeunes et plus largement tous les « idiotismes », c'est-à-dire les discours convenus d'une époque et d'une mode où il est de bon ton d'être « branché » ou dans ce qu'on appelle le « politiquement correct » et la « bien-pensance ». C'est une langue d'autant plus pernicieuse qu'elle est moins détectable parce que tout le monde finit par pratiquer ce « chant » du perroquet sans le savoir. Plus les médias envahissent nos vies, plus elle évolue, se propage, se multiplie à la vitesse de la lumière. La parole intérieure cède de plus en plus la place aux discours formatés. Plus le monde s'enferme dans des systèmes de procédures en tout genre pour accompagner les citoyens, plus elle tend à se développer.

En réalité peu de domaines sont épargnés quand il s'agit de se mettre à l'abri d'une menace pour protéger sa situation. La langue de bois est une forme de paresse et de lâcheté des plus courantes quand il s'agit d'éviter de « sortir » du système en place et auquel on appartient. Dès qu'une question risque de mettre en péril notre confort et de mettre en doute notre pratique, chacun s'empresse de rentrer dans le giron et le jargon de son appartenance et de la mode, parce que ce serait trop périlleux et fatiguant de penser par soi-même, c'est-à-dire de tenter une sortie sans être couvert. La langue de bois est une panacée contre les courants d'air, puisqu'elle ferme la porte au doute comme aux véritables interrogations.

Chacun sait que les perroquets ne « chantent » jamais si bien que lorsqu'ils sont en cage.

« Ça sert à rien qu'il neige ! »

L'homme n'a peut-être pas une différence de nature avec les animaux mais comme nous dit le poète Ovide dans ses *Métamorphoses « tandis que, tête basse, tous les autres animaux tiennent leurs yeux attachés sur la terre »* lui, se dresse sur ses pattes de derrière et lève ses regards pour contempler le ciel. Bien sûr, ce redressement, un peu comme l'évolution de sa boîte crânienne, ne s'est pas produit en un jour et sans doute par nécessité d'adaptation et de survie de l'espèce ; mais à tort ou à raison, j'aime à penser que ce redressement a une valeur symbolique que tu peux deviner. Celle d'un être qui s'interroge et éprouve le besoin de comprendre l'origine et la finalité des choses pour apaiser une inquiétude qui vient de cette curiosité même qui s'est faite en lui. Une curiosité qui, je te l'accorde, un peu comme la grosseur et la complexité de son cerveau, l'encombre davantage qu'elle ne le place dans une position confortable par rapport aux autres espèces, même s'il aime à croire le contraire et à s'en prévaloir.

C'est pourquoi, confronté aux éléments du monde, comme « les animaux ses confrères et compagnons », il veut orgueilleusement leur faire rendre raison.

C'est ainsi qu'il prête des sentiments, des intentions, des ressentiments ou des vengeances aux éléments mystérieux du monde. Il fait comme si la nature, les plantes et les animaux obéissaient au même fonctionnement que le sien. Cette imagination a donné naissance à toutes les mythologies, à tout un ensemble de récits au demeurant fort poétiques. Les premières civilisations personnifiaient les forces de la nature par des divinités auxquelles elles attribuaient des formes et des réactions humaines. On pensait que le soleil, à notre image, se levait et se couchait, que les volcans se réveillaient comme un œil de Cyclope sous la férule de Vulcain.

Quand la foudre tombait, c'était Jupiter qui se fâchait. Quand on désirait des vents favorables, on allait prier au temple du dieu Eole ; pour prendre la mer, on s'attirait les faveurs de Neptune ; avant de partir à la guerre, c'est le dieu Mars qu'on sollicitait, et pour gagner l'amour de l'autre, c'est la déesse Vénus que l'on flattait. On leur offrait des sacrifices et des libations comme s'ils se nourrissaient de viande, de lait, de vin ou d'huile comme les humains. Telle est l'enfance de notre humanité.

Mais ne regardons pas avec condescendance ces temps lointains. Nos trois monothéismes qui se sont voulus iconoclastes ont encore bien du chemin à faire pour échapper à la tentation de prêter des formes, des logiques et des sentiments humains, « trop humains » à un Dieu personnel sinon personnifié.

L'enfant d'hier et d'aujourd'hui, lui aussi, comme les anciennes civilisations prête une vie aux objets les plus inanimés qui l'entourent ; il leur parle, les cajole, les frappe, bref il leur suppose une âme semblable à la sienne ; d'ailleurs il est des artistes et des poètes qui essaient de retrouver cette tendance animiste de l'enfance. Tu te rappelles sans doute ce vers célèbre de Lamartine : *« objets inanimés avez-vous donc une âme qui s'attache à notre âme et la force d'aimer ? »*

Au fond, l'homme-enfant a du mal à sortir de sa psyché ; il vit comme devant un miroir et ne voit partout et en toute chose que sa propre image. Il aime à se servir des animaux innocents pour illustrer ses qualités mais surtout ses défauts, ce qui a fait d'ailleurs le bonheur du grand fabuliste La Fontaine. Il dit que l'homme est un loup pour l'homme, bête comme un âne, têtu comme une mule, malin comme un singe, bavard comme une pie, muet comme une carpe, rusé comme un renard, fier comme un coq, sournois comme un serpent. Mais qu'en savons-nous en réalité ? Leur avons-nous demandé comment ils nous percevaient ? Quand je joue avec mon chat, se demandait Montaigne, qui sait si ce n'est pas lui qui perd son temps à jouer avec moi ? Tu vas trouver qu'il pousse le bouchon un peu loin, et pourtant ! La limite de notre intelligence est qu'elle ne peut imaginer d'autres formes d'intelligence que la nôtre et même lorsque les biologistes parlent de l'intelligence et de la mémoire des plantes, ils ont tendance eux aussi à leur appliquer nos schémas.

Quand mon chien remue la queue, je pense qu'il est content. Mais qu'en sais-je ? Que veut dire d'ailleurs être heureux pour un chien ?

Que nous l'admettions ou non, nous nous octroyons implicitement le droit de décider ce qu'ils sont, ce qu'ils pensent et même, qu'ils ne pensent pas.

Quand l'oiseau fait son nid sans calcul ni compas apparents, n'est-ce pas par un mode de fonctionnement tout aussi parfait que nos architectes qui ont besoin de calculer pour construire. Et cela même si tu peux penser qu'un nid ou même une toile d'araignée ne peuvent rivaliser avec nos œuvres d'art et nos palais dorés.

Le fait que les animaux ne connaissent pas de progrès ne serait-il pas un avantage qui les aurait placés d'office dans un mode de fonctionnement optimum ? Notre progrès tant vanté et adoré comme une marque de notre supériorité ne serait-il pas plutôt l'expression d'une carence qui nous oblige à améliorer sans cesse, à corriger, à détourner aussi, ce que les animaux possèdent dès l'origine et qui évolue uniquement pour être en harmonie avec le changement des conditions naturelles ?

Bref, nous faisons comme si tous les êtres et tous les éléments de ce monde devaient sentir, penser, vivre selon notre logique et notre jugement.

Tel est notre tyrannique anthropomorphisme après notre incorrigible anthropocentrisme. Certes, plus l'homme avance dans la connaissance et la maîtrise des éléments de la nature, plus il se détache de cette tendance et accepte peu à peu que ce qui n'est pas lui puisse obéir à des lois différentes des siennes. Mais cette enfance demeure au fond de nous et ressurgit ça et là dès que nous sommes confrontés à ce qui échappe encore à l'exactitude scientifique. Je songe par exemple aux propos sur les phénomènes météorologiques. Je passe sur les noms romanesques que l'on donne aux tempêtes et aux cyclones, mais tu as sans doute déjà entendu pester contre le ciel quand il désobéit aux prévisions ? Ou des affirmations comme : « Il a plu toute la semaine, ce qui devait tomber est tombé, et dimanche il fera beau ! » ou encore « il fait trop beau pour la saison, on va le payer plus tard ! »

Il me souvient de cette personne qui, voyant qu'il neigeait, alors que la température n'était pas très basse, s'exclama avec un air dépité : « ça sert à rien qu'il neige, ça va pas tenir ! », comme si elle accusait le ciel de stupidité parce qu'il n'obéissait ni à son désir, ni à sa logique.

Incorrigible présomption

Tu connais cet adage populaire, « chacun voit midi à sa porte », mais on oublie souvent d'en mesurer les conséquences et le danger. Comme je le rappelais tout à l'heure, nous envisageons trop souvent les choses sans sortir de notre « boutique ». Nous sommes prisonniers de nous-mêmes, de nos coutumes, de nos habitudes, ou pire encore de nos intérêts du moment. Nous avons une fâcheuse tendance à prendre pour une évidence et une vérité objective ce qui arrange nos propres affaires.

C'est ainsi par exemple qu'il ne fait aucun doute dans l'usage courant qu'il existe des êtres ou des plantes nuisibles qui méritent le mépris et la mort, et d'autres au contraire qui ont notre grâce et toutes les vertus.

De même que Montaigne rappelait que « chacun appelle barbarie ce qui n'est pas de son usage » chacun appelle nuisible ce qui est néfaste à ses intérêts, alors que nous sommes inévitablement nuisibles à d'autres espèces. On est toujours le parasite de l'autre. Les bactéries et les microbes prolifèrent tantôt à notre avantage, tantôt à nos dépens, et chaque élément depuis l'infiniment petit jusqu'à l'infiniment grand est mu par cette prédation mystérieuse qui lie la vie à la mort. Une débauche élémentaire se donne à notre insu sous nos microscopes comme derrière nos télescopes.

« Tout est l'atome et tout est l'astre
La fauvette à la tête blonde
Dans la goutte d'eau boit un monde… » écrivait Victor Hugo dans ses *Contemplations au bord de l'infini.*

Mais comme la vie quotidienne nous offre peu l'occasion de fréquenter les microscopes et les télescopes, nous sortons peu de notre reflet et distribuons les rôles selon ce qui nous arrange et nous sert et décidons sans autre forme de procès des qualités et des défauts des éléments de la nature.

Tant qu'une plante ou un animal ne gêne pas notre souci égoïste du moment , ils sont jugés utiles absolument. Mais dès que nous éprouvons l'envie de tracer une route, de dessiner un parterre avec un cordeau ou de rentabiliser nos récoltes, nous décrétons qu'il y a de mauvaises herbes parce qu'elles poussent là où nous n'avons pas décidé, et qu'il y a des nuisibles parce qu'ils se reproduisent un peu trop sans notre autorisation.

Certes, comme tous les animaux ses confrères, l'homme doit assurer sa survie, mais son égocentrisme risque de créer des déséquilibres pour satisfaire sa vanité et ses caprices versatiles. Si on peut penser que la nature ne produit pas d'éléments inutiles à son équilibre, cet équilibre n'est pas soumis à la logique des hommes.

A la différence des autres éléments du monde, et c'est bien là l'énigme, nous avons cette étrange possibilité de nous dissocier de ce qui demande à être, de vouloir au fond ce qui n'est pas voulu, de pouvoir ce qui n'est pas dans l'ordre de la nature et cela, pour le meilleur comme pour le pire. Telle est paradoxalement notre « nature » !

Au lieu d'être d'intelligence avec l'ordre du monde, notre humble écoute est sans cesse parasitée par les réussites de notre propre intelligence qui encourage notre orgueil de démiurge. C'est pourquoi l'homme a tendance à se comporter sur terre comme un usurpateur convaincu de son bon droit et comme un prédateur d'une mauvaise foi préjudiciable.

Tantôt il soigne les lapins de ses cages pour les mettre dans sa casserole, il les adore en peluche ou dans les dessins animés de son enfance, mais cet animal devient un nuisible abominable s'il s'avise de déborder du bois. Ce garenne mérite alors la géhenne et l'extermination jusqu'à ce qu'on s'aperçoive un peu tard que nous avons provoqué un déséquilibre difficilement récupérable en propageant de terribles épidémies comme la myxomatose.

Sans les renards, sans les oiseaux de proie, les rongeurs prolifèrent et il faut alors transformer les nuisibles d'hier en espèces protégées demain.

L'agriculture réalise aujourd'hui combien les labours répétés, les pesticides et les engrais ont appauvri la terre en voulant forcer sa fertilité au lieu de laisser le temps à la faune et à la flore de préparer en profondeur sa fécondité future. Aucun assolement ne vaut une jachère ; mais le temps presse.

Nous allons ainsi de déséquilibres en déséquilibres, d'excès en excès, avançons et reculons sans cesse par manque de discernement, mais surtout par un anthropocentrisme de courte vue. Au lieu de nous penser comme des êtres de la nature au même titre que nos congénères, de vivre en équilibre et en harmonie avec eux, nous nous octroyons la place centrale en oubliant que cela risque de nous nuire à plus ou moins long terme. Combien de forêts menacées ou d'espèces en voie de disparition pour satisfaire des intérêts à court terme. Sans vergogne, nous décrétons utile au regard des atomes et des astres ou nuisible au regard des infinis et de l'Eternité ce qui ne fait en réalité que servir nos caprices minuscules.

Nous risquons ainsi de devenir nuisibles à nous mêmes si nous ne prenons pas garde à nos débordements. Seul l'homme est capable de nuire à sa propre espèce par ses pollutions sauvages et ses guerres incessantes.

Méfions-nous de ne pas être un jour décrétés nuisibles par un fou de notre espèce comme l'histoire malheureusement nous en a montré trop d'exemples avec les génocides passés ou les épurations ethniques plus récentes.

Mais cela me diras-tu est peut-être inscrit dans un héritage génétique qui nous conduit à notre insu vers notre propre disparition comme tant d'espèces avant nous !...

A ce propos, et pour te montrer que les meilleures intentions ne sont pas dénuées d'anthropocentrisme, il me vient à l'idée une mauvaise pensée : aurait-il fallu sauver les diplodocus ?

Considérer que nous avons un devoir de sauver certaines espèces, c'est reconnaître implicitement que nous avons une place privilégiée, que nous sommes élus pour le faire et cela sans pouvoir fournir la moindre pièce à conviction témoignant de la légitimité de cette charge. Car vouloir protéger, ce n'est pas non plus suivre humblement le cours des choses. C'est prendre la place du Père ou de la Mère. C'est s'octroyer un droit de regard en surplomb sur l'évolution du monde, s'ériger en messager d'une justice transcendante qui nous commanderait. L'écologiste radical serait au fond un croyant qui s'ignore, un supérieur qui se veut protecteur.

Ainsi, même la générosité qui veut sauver les baleines n'échappe pas à la croyance en notre élection. C'est un peu la charité des bien-nés, des grandes dames et des rois pour la cause des déshérités.

C'est pourquoi tu le vois, décider de l'utile comme du nuisible témoigne inévitablement de notre incorrigible présomption.

La santé des virus

Il y a une formule de Montaigne que j'aime à me rappeler de temps en temps et qui m'aide sinon à supprimer tout au moins à relativiser ma tendance à l'hypocondrie : « Tu ne meurs pas de ce que tu es malade, tu meurs de ce que tu es vivant ».

Certes, je suis tout à fait d'accord avec toi, il est préférable et bien agréable d'être en bonne santé et j'entre moi aussi avec bonheur dans la tradition, en la souhaitant bonne, chaque nouvelle année à mon entourage. Mais Montaigne a raison de m'inviter à sortir de ma petite boutique, non seulement pour élargir ma pensée mais aussi finalement pour mieux préserver ma santé.

Je ne t'apprends rien en te rappelant que nous sommes constitués de cellules et d'atomes qui ne nous appartiennent pas en propre mais que nous empruntons dans une certaine combinaison aléatoire et un certain temps au grand Tout. Au fond, nous ne sommes que locataires mais jamais propriétaires de notre masse moléculaire.

Il y a dans la terre, l'air, l'eau, les plantes et les animaux des éléments communs, même si cela ne se voit pas. Dans ce grand monde auquel nous appartenons, comme le rappelait mon ami chimiste qui aimait à citer

Diderot, *« tout est en un flux perpétuel »*, tous les éléments circulent les uns dans les autres.

Souviens-toi de la méditation d'Hamlet devant le crâne de Yorick, le bouffon du roi, retrouvé par le fossoyeur. Il oppose au scepticisme de son ami Horatio que la noble poussière d'Alexandre peut se changer en argile et se retrouver bouchant le trou d'un tonneau, ou finir par fermer un baril de bière. Il est vrai, nous respirons indistinctement des vivants et des morts, et les particules élémentaires voyagent joyeusement d'un poumon à l'autre, car la nature ignore nos frontières et nos catégories.

Sans être un grand biologiste, il suffit d'observer la moindre matière inerte au microscope pour comprendre que la vie grouille et déborde sous l'apparente fixité.

Ainsi, de même que nous vivons en parasites aux dépens d'autres espèces et que nous inhalons avec l'air que nous respirons de pauvres microbes, germes et bactéries qui n'auront jamais le bonheur de se développer, il arrive que certains virus plus chanceux se nourrissent de nos cellules comme « la vermine qui nous mangera de baisers » après notre mort. La vie se manifeste à travers nous mais aussi au-delà de nous.

L'homme à lui seul ne résume pas la vie, et sa bonne santé n'est pas la santé de toute la nature.

Combien de cellules s'entre-dévorent à chaque seconde dans un mouvement invisible pour que les choses soient ce qu'elles sont. Je ne suis que le résultat d'un combat et d'un échange incessant et silencieux entre des mondes infiniment petits et infiniment vastes. Si tu me permets une image, les virus rencontrent en nous des armées d'anticorps logés dans les casernes de nos ganglions, et notre fièvre n'est que la chaleur dégagée pendant la bataille. Je tousse et je mouche des cimetières militaires quand le combat a fait rage, c'est-à-dire quand la vie a été intense.

Pour soutenir mes soldats et maintenir l'équilibre des forces quand mes centurions sont débordés, le médecin me donne pour renforts des mercenaires antibiotiques. Ce sont des tueurs professionnels, et il leur arrive de détruire tout ce qu'ils trouvent sur leur passage, tout ce qui vit en nous. Alors, nous sommes déséquilibrés et à nouveau malades d'une autre manière, mais la vie qui est faite de combats cellulaires se poursuit avec indifférence.

On peut même observer une baisse des défenses immunitaires dans un organisme surprotégé qui ne rencontre plus d'ennemis. La nécessité de la lutte stimule le développement d'un être comme d'un organisme. Il leur faut redoubler d'efforts, de génie pour survivre, ce qui les rend plus forts. Le confort d'un esprit comme d'un corps jamais exposés, conduit à l'atrophie. Sans obstacle ni contrainte, le corps et l'esprit s'avachissent et s'affaiblissent dans une flasque inconsistance.

Que l'on soit en bonne santé ou malade, c'est toujours la nature. La mort n'est pas la négation de la vie. Il arrive même que notre propre mort soit provoquée par un débordement de vie. Le cancer n'est autre qu'une multiplication excessive de cellules nouvelles à un endroit de notre corps. Elles en deviennent folles et vont propager leur folie avec une vitalité d'autant plus mortelle que l'homme est jeune et plein de vie.

Décidément, la nature se moque éperdument de notre santé ou de notre mort particulière puisque tout ce qui se produit fait partie de la vie.

Seulement voilà, s'il y a de la grandeur à ne pas l'ignorer, nous ne parvenons que difficilement à vivre sereinement à la hauteur de cette évidence. Là est bien notre Misère.

Le doute-sismographe

En dérobant le feu aux dieux et en le confiant aux hommes, Prométhée nous a livré un cadeau empoisonné. En nous offrant le pouvoir de transformer la nature selon notre volonté il nous a exposés aux risques de l'hybris et de l'oubli.

Nous nous sommes facilement installés dans l'évidence de notre droit à la toute puissance scientifique et technique. Rien désormais ne peut limiter nos désirs et nos débordements. Devenus dieux nous-mêmes, tout nous est permis par-delà le bien et le mal.

La nature est un terrain de jeux pour nos frénésies mégalos et nos caprices infantiles. L'humble interrogation sur notre origine et notre fin s'éloigne de plus en plus derrière nos avancées et nos pouvoirs pour satisfaire nos fantaisies, nos vanités et nos guerres.

Nos fantasmes nous égarent dans la puissance atomique, exaspèrent la génétique avec les OGM ou les clones et Mister Hyde parfois échappe au Docteur Jekyll. Nos délires de puissance épuisent les richesses de la terre avec la certitude qu'elle nous appartient comme une chose docile et soumise.

Ivres de nos succès et dépourvus de limites, cette dénaturation qui nous libère d'un côté nous soumet pourtant à de nouvelles contraintes. Mais rien n'y fait, la fascination est trop forte !

Nos machines de plus en plus sophistiquées nous imposent des servitudes, parfois plus aliénantes que celles de la nature, pour satisfaire les démons de la rentabilité et du profit. L'esclavage, l'exploitation industrielle, les pollutions, les pressions techniques et financières se sont substituées aux violences primitives. Mais rien n'y fait !

Il est des victoires qui peuvent devenir des défaites quand nous ne sommes plus éclairés par cette lumière intérieure des grands humanistes de la Renaissance.

Rabelais nous prévenait déjà dans la célèbre lettre de Gargantua à son fils Pantagruel que « science sans conscience n'est que ruine de l'âme ».

Au siècle suivant, Pascal nous rappelait aussi combien l'homme est misérable s'il se croit grand. Mais rien n'y fait !

Certes, lorsque nous finissons par l'oublier un peu trop, il arrive que notre mère nature nous donne la leçon et nous oblige à sortir, elle aussi, de notre présomption. Mais à quel prix et pour combien de temps !

Je devine que tu penses à des catastrophes techniques retentissantes comme la tragédie du Titanic, cet arrogant navire prétendument insubmersible, ce joyau de technologie et de luxe, cet emblème de notre vanité dominatrice rappelé à l'ordre par la loi de Neptune ? Et tu n'as pas tort ! Mais songe simplement à des catastrophes que l'on dit naturelles, à des accidents météorologiques qui sont et seront de plus en plus fréquents avec le réchauffement de notre planète.

En dépit de nos savants calculs, de nos prévisions, de nos digues et de nos remparts, de nos assurances tous risques, un tsunami ou une simple tempête peut être une piqûre de rappel contre notre maladie chronique de la démesure, contre notre hybris comme l'appelaient les Anciens.

Le sinistré prend soudainement conscience de sa fragilité et de sa dépendance. Il avait oublié qu'à l'heure de l'informatique et du numérique, il ne peut se prendre impunément pour un dieu. Telle est parfois l'humiliation salutaire infligée par Eole et par Jupiter.

Alors que le confort d'enfant gâté favorisait les égoïsmes, les jalousies et les haines, l'inconfort et la privation recréent l'entraide et la fraternité. La facilité rendait capricieux et grincheux ; la difficulté restitue la tolérance et le partage. La vanité nourrissait l'incivilité et les inimitiés, quand l'humilité retrouvée encourage la solidarité. Une solidarité plus belle encore que celle qui surgit pendant les guerres parce qu'elle ne nécessite pas qu'on s'invente un ennemi commun, car la colère de Jupiter, d'Eole ou de Vulcain est bien au-delà des frontières dessinées par l'humain.

L'alliance est pure de tout calcul puisqu'elle se fonde sur la reconnaissance de notre faiblesse face à l'infini du temps et de l'espace. L'homme, alors, redevient grand, parce qu'il se sait misérable.

Mais à quel prix et pour combien de temps ?

Cet ange momentané qui pleure-virtuel en envoyant des SMS pour ses frères déshérités sera-t-il demain la bête consumériste qui se rue aux soldes esclavagistes des marques délocalisées, qui se tue pour un pénalty de trop ou une place de parking ?

Ouragans et secousses telluriques seront-elles l'occasion d'un ébranlement mental durable ?

Quelques heures ou quelques jours, me souffle le cynique Diogène ! Il rit aussi de mon angélisme, de mon lyrisme face à une solidarité et une grandeur retrouvées dans l'épreuve. J'allais oublier, il est vrai, que selon le degré de la catastrophe, lorsque tous les animaux sont malades de la Peste, comme dans la fable de La Fontaine, c'est le chacun pour soi dans un instinct de survie qui prend le dessus sur la solidarité et le partage. Et le chien redevient loup !

Alors peut-être faudrait-il simplement apprendre à écouter plus régulièrement Ouranos et Gaïa ! Peut-être faudrait-il que la terre tremble ne serait-ce que virtuellement dans nos têtes comme un doute sismographe pour prévenir les séismes de la bêtise, et nous prémunir des fausses certitudes, des optimismes niais et des orgueils assassins !...Peut-être !...

« Sortir pour entrer » serait alors le pari lucide de mon Diogène civil.

Quoi ? – La liberté

Je n'aurai pas le mauvais goût ni l'immodestie de caresser la harpe des émotions pour te parler de la liberté. Je sais que tu ne vas pas aimer que je n'empreinte pas la voix du lyrisme pour chanter sa louange comme on la chante à l'unisson quand elle est bafouée, ou quand on la confond un peu trop avec le droit sans limite de l'enfant gâté.

Mais en toute chose, il est bon de commencer par le commencement. Ne sois donc pas choqué par ce que je vais dire.

Etre ou ne pas être ?...

As-tu décidé de venir au monde ? Es-tu libre de ne pas mourir ? Un peu brutal me diras-tu, mais on voit déjà que cela restreint considérablement le champ d'application de la notion de liberté.

Cependant, si on ne t'a pas consulté pour naître, si tu estimes comme un « inconvénient d'être né », tout au moins peux-tu toujours mettre fin à l'aventure. Tu conviendras que le suicide , à condition qu'il ne soit pas sous l'emprise d'une secte, d'une drogue ou d'un moment de désespoir passager, est notre liberté première et fondamentale. En effet, projeté dans la vie sans la possibilité de mettre fin à nos jours ce serait comme être enfermé dans une pièce sans issue de secours.

« Sans l'idée du suicide, je me serais tué depuis longtemps » notait Cioran avec une ironie tragique.

Bien sûr, rien ne nous oblige à utiliser cette issue de secours s'il n'y a pas le feu ; mais de savoir qu'elle existe nous offre la possibilité de ne pas brûler vif. Je devine ton objection. On peut ne pas vouloir emprunter cette issue de secours, non pas par un choix libre, mais par une angoisse de la mort qui est un feu plus dévorant encore. Et tu as tout à fait raison !

C'est pourquoi, seul celui qui se serait affranchi de la peur de mourir serait véritablement libre, car son choix de vivre ou non serait alors, et alors seulement, un acte réellement volontaire. Aucune souffrance, aucune humiliation, aucun outrage, rien ne peut être imposé à celui qui a la possibilité de sortir du jeu sans crainte.

Comme le disait Sénèque le stoïcien de façon lapidaire : *« Content de vivre ? Vis. Pas content ? Tu peux retourner d'où tu viens »* et il ajoutait : *« La seule raison qui nous interdise de nous plaindre de la vie, c'est qu'elle ne retient personne. La condition humaine est bonne puisqu'on ne demeure jamais malheureux que par sa propre faute... »*

Cette morale est un peu sévère, je te l'accorde, mais reconnais qu'elle nous invite à moins nous plaindre et à mieux solliciter notre courage pour agir et combattre. Quand on se laisse parfois aller à dire d'une situation qu'elle est « insupportable », nous pouvons mesurer combien nous donnons inévitablement dans la surenchère verbale, puisque nous préférons souvent la supporter que mourir. Le plus souvent, « nous survivons à nos désespoirs » comme le rappelle encore Cioran.

Pouvoir choisir de mourir en toute sérénité serait donc la liberté suprême ; mais j'en conviens, cela n'est pas à la portée du premier venu. Même Sénèque fut contraint par Néron de s'ouvrir les veines.

Je devine que mon propos te met mal à l'aise. Sache pourtant que je ne cherche aucunement à faire ici l'apologie du suicide, mais je tenais à relativiser d'entrée de jeu la question de la liberté que l'on a tendance à clamer et réclamer de façon inconsidérée sans jamais remonter jusqu'à l'origine des choses.

Si le suicide est un exemple limite pour aborder la notion de liberté, tu sais aussi que la finalité de la plupart des sagesses philosophiques est de nous aider à accepter d'être mortel avec sérénité, et cela sans recourir à des mythes ou des religions pour nous sauver de l'angoisse. Car l'angoisse est notre véritable geôle. Une geôle d'autant plus terrible qu'elle est invisible et sournoise et que nous la portons en nous. Tel un « monstre délicat » décrit par Baudelaire, elle fait le siège de nos cerveaux depuis notre origine et parfois *« atroce, despotique, sur nos crânes inclinés elle plante son drapeau noir ».*

Cela dit, si se rappeler régulièrement que nous sommes mortels ne nous libère pas totalement de l'angoisse, cela peut avoir la vertu de faire le ménage dans nos aliénations quotidiennes et nous rendre plus disponibles au bonheur-du-jour. *« Philosopher, c'est apprendre à mourir »* nous dit Montaigne qui cherchait chez les philosophes de l'Antiquité le moyen de moins souffrir mais pour mieux jouir. Stoïcien par épicurisme en somme !

Je suis voulu…

Pour achever de relativiser cette liberté tant chérie, tu sais très bien que lorsque tu crois vouloir depuis ta propre volonté, tu es voulu en amont par tout un ensemble de déterminismes, de conditionnements d'autant plus agissants que tu veux les ignorer ou qu'ils sont peu perceptibles. Et puis nous ne pouvons jamais connaître toutes les causes qui nous déterminent, que ces causes soient intérieures, souvent obscures et cachées, ou que ces causes soient extérieures et forcément innombrables.

Etre libre absolument voudrait dire n'être subordonné à aucune cause antérieure, intérieure ni extérieure, être « causa sui » comme on dit, c'est-à-dire être l'origine et la fin, être Dieu en somme.

Mais Dieu est-il libre ?...

Certains pourraient contester cette idée d'un dieu comme « cause première », parce que si tout doit avoir sa cause, alors Dieu doit avoir une cause. Que Dieu, s'il existe, ne serait pas libre, car il ne s'est pas suffi à lui-même et n'a pas échappé à l'ennui, aux déterminismes de la solitude et du manque, en cédant au désir de créer un univers détaché de lui, un peu comme un miroir dans lequel il puisse éprouver son être.

Je sais aussi qu'à cela d'autres théologiens répondraient que son désir de création, n'est pas un désir d'expansion, mais un désir amoureux de renoncement, de négation de soi, d'effacement généreux au profit de l'existence des choses et des êtres que nous sommes !...

Il demeure néanmoins que tout désir témoigne d'une dépendance à une cause intérieure ou extérieure.

Mais trêve d'arguties théologiques et redescendons un peu à notre condition humaine.

Et moi et moi et moi ?...

Peut-on réellement choisir ce que nous sommes ? Nous n'avons pas choisi l'évolution de notre espèce, notre corps, notre matière, nos gênes et nos neurones, comme nous n'avons pas choisi notre langue, nos conditionnements culturels et psycho-sociaux. Et cela, même si on aime à croire qu'un homme moderne et surtout postmoderne doit pouvoir choisir son identité, son milieu et même son sexe. Mais son choix sera forcément tributaire de conditionnements sous-jacents qui le conditionneront à nouveau mais d'une autre manière.

De même qu'un organe de plus ou de moins nous aurait fait une autre intelligence, une histoire différente nous aurait imposé une autre représentation du monde. Tout homme tient inévitablement de « l'automate matériel » comme de « l'automate spirituel » pour reprendre l'expression des philosophes, et de l'influence, si complexe qu'elle en devient mystérieuse, de l'un sur l'autre. Bref, nous ne sommes pas comme ce dieu supposé, cause de nous-mêmes.

Nous sommes tributaires des nécessités de notre « machine » que nous avons l'illusion de commander quand nous oublions un peu trop que notre pensée elle-même est liée à des réactions chimiques, des influx électriques ; que quelques minutes sans oxygène peut la faire disparaître à tout jamais, et que notre conscience morale elle-même est liée à des stimulations sociales. Nous maquillons donc souvent avec de beaux discours ce qui n'est aussi qu'une obéissance à des pulsions, des contraintes hormonales ou circonstancielles.

Et la liberté de choisir ?...

Pour ce qui est de voir dans la possibilité de choisir l'expression de la liberté, on est en réalité peu exigeant. En effet, pour choisir en totale liberté, encore faudrait-il avoir eu connaissance de tout, avoir tout essayé, ce qui est impossible. De plus, chacun le sait, choisir inclut la nécessité de renoncer à tout avoir et témoigne par-là davantage de notre limite que de notre infini pouvoir. Avoir l'embarras du choix, comme l'expression l'indique, est davantage du côté de la contrainte que de la liberté, sans parler des choix qu'on dit cornéliens.

En vérité, ce n'est que par la conscience des entraves et des impossibilités, en limitant volontairement tes désirs que tu peux paradoxalement te libérer.

Sans compter que pour exercer la moindre liberté, encore faut-il que tu sois libéré des nécessités de la vie matérielle. L'indigence, le dénuement, la faim, le froid, la fatigue, la douleur, le vieillissement, la maladie restent les entraves fondamentales.

Désolé de jouer les rabat-joie mais tu auras compris que la liberté absolue, ça n'existe pas ; autant l'accepter et il est plus sage de parler modestement de liberté relative ou de libération.

On peut au moins risquer le paradoxe suivant : je suis d'autant moins libre quand je crois l'être et d'autant plus libre que je me sais prisonnier afin de pouvoir agir en connaissance de cause, c'est-à-dire sans être dupe de moi-même.

Le cœur rebelle…

Cependant, nous libérer de nos prisons respectives n'est pas chose facile. Car nous sommes faits de la pâte de notre histoire, et chercher à en sortir, ce serait comme vouloir sortir de notre être. Certes, la réflexion, l'introspection sont de bons commencements, et il faut parfois se faire aider pour ne pas être dupes de ce que nous sommes.

La psychanalyse peut m'aider à traverser le miroir, à dénouer mes liens, non pas pour échapper à moi-même, mais pour réaliser l'emprise qu'avaient sur moi les choses oubliées ou les blessures refoulées et comme dit Freud que « le moi n'est pas maître dans sa propre maison ». Si l'inconscient est une geôle, la conscience peut entrouvrir la porte d'entrée et de sortie.

Il y a sans aucun doute un soulagement et même un plaisir à connaître la raison des choses. Mais, là encore, connaître la cause de nos prisons et nos aliénations ne veut pas dire qu'on pourra s'en délivrer totalement. J'ai beau savoir ce qui m'aliène, j'ai beau mesurer combien cet être, cette chose, cette idée, me détruit, je ne puis m'empêcher d'en souffrir. Le « je sais » n'est pas « je veux » qui n'est pas « je peux ». Telle est la terrible puissance du cœur, « *ce cœur vainqueur de toute adversité* ». Sans doute ne puis-je qu'espérer diminuer l'excès des souffrances de ce « terrible résonateur ». C'est un peu comme se rappeler qu'on est mortel ; cela n'évite pas de mourir, mais permet tout au moins de mieux organiser le voyage et d'être plus libre de vouloir ce qu'on veut.

C'est en ce sens que la Raison est libératrice, et qu'il y a une forme de liberté dans la conscience. Et si la liberté absolue est une illusion ou un idéal impossible, on peut tout au moins apprendre à se défaire de liens qui nous nuisent d'autant plus facilement que nous les ignorons en nous croyant libres.

Léon et les autres !…

Pour ce qui concerne la vie en société, il est bon de le dire et de le redire après tous les grands esprits et notamment Montesquieu : il n'est point de liberté sans égalité et sans sécurité. Or, seule la loi le permet. Il en est du fonctionnement social comme de la circulation routière. Tu peux comprendre que sans interdits comme sans obligations, chacun menace chacun et retrouve la loi du plus fort. « C'est moi Léon, j'ai un gros camion ». En réalité, cette force occasionnelle est toujours menacée par plus fort qu'elle. Un jour viendra où Léon rencontrera un plus gros camion. Tout à l'heure, il prendra sa motocyclette et pourra se faire écraser par un engin similaire à celui qu'il conduisait précédemment.

La loi édictée par une société doit donc essayer de corriger l'imprévisibilité, l'instabilité et l'injustice naturelles. Elle doit tenter de rendre constant ce qui est inconstant, universel ce qui est particulier, nécessaire ce qui n'est que fortuit, objectif ce qui ne serait que subjectif. En instaurant une loi comme un feu tricolore ou un ordre de passage mathématique, le gros camion comme le motocycliste, le fort comme le faible, le nanti comme le démuni, le belliqueux comme le pacifique, celui qui est de mauvaise humeur comme celui qui est de bonne humeur, tous doivent se soumettre alternativement au rouge et au vert, même le daltonien ou l'aveugle !

C'est en se privant de sa liberté capricieuse du moment que le Léon camionneur se donne la liberté de ne pas se faire écraser tout à l'heure.

Oui, mais qui décide des sens interdits, des règles de circulation comme des feux tricolores ? Ce devrait être la Raison. Seulement voilà ! L'homme n'est pas toujours à même d'entendre sa voix et ce n'est pas sans difficultés, il est vrai, que cet animal parvient à instaurer cette liberté et cette égalité par des lois.

Il faut que ce soit une autorité objective et souveraine qui n'a aucun intérêt particulier. Cela a pu être un monarque qui se situait au-dessus des lois et n'y était donc point soumis, à condition qu'il ait été bien conseillé et n'octroie point de privilèges particuliers. Ce qui, tu le conçois, n'a pas souvent été le cas.

La moins contestable autorité que nous ayons trouvée après bien des atermoiements est celle du peuple. Encore faut-il que le peuple et ses représentants élus soient eux aussi bien conseillés et bien inspirés, mais surtout suffisamment éclairés et vertueux, pour passer outre les influences, les tentations de corruption et surtout leurs propres intérêts ; car à la différence d'un monarque, le peuple comme ses représentants seront eux-mêmes soumis aux lois qu'ils édictent.

Mon Léon camionneur devra se priver de son intérêt égoïste momentané pour accepter d'instaurer un ordre de passage qui n'arrange pas ses affaires, alors que la nature lui donnait tout à l'heure l'avantage de passer en force avant tout le monde. Il lui faut donc penser au Léon motocycliste qu'il sera tout à l'heure pour l'accepter. Il lui faut apprendre à remplacer avantageusement son intérêt à court terme par son intérêt à long terme ; il lui faut découvrir l'égoïsme intelligent. Cet effort d'imagination et de projection est bien utopique, je te l'accorde, mais c'est celui que demande la démocratie, c'est-à-dire un appel à la raison à défaut du cœur qui pourrait, il est vrai, lui inspirer de la fraternité et de la civilité.

Mais le sentiment de fraternité est trop aléatoire et trop éphémère comme fondement, et n'apparaît que dans les moments de crise. On chante la liberté à l'unisson au lendemain des guerres ou des attentats qui l'ont blessée et menacée. Dans ces moments-là seulement, le cœur suffit et cela est bien, cela est grand, cela est beau. Si seulement le cœur pouvait suffire !

Mais le cœur fatigue sur la distance sans le secours de la raison. Et la raison doit toujours finir par nous dire que la liberté n'est possible à long terme et pour chacun que par l'égalité devant la loi. C'est pourquoi, il faut parier sur la raison humaine, c'est-à-dire sur l'éducation des hommes pour instaurer des règles, sinon c'est le retour à la violence de la jungle où ce n'est pas la liberté qui règne mais la menace et la crainte.

Toutefois, ce n'est pas parce qu'une loi est mauvaise que cela justifie le retour à l'état de nature. Cela demande tout simplement un réajustement constant, car le monde est changeant et la vérité comme l'équité avec lui.

Je pourrais même dire, au risque de te choquer, qu'il vaut mieux une mauvaise loi qu'une absence de lois, car sans l'instauration d'un état de droit, même contestable, c'est le retour à « la guerre de chacun contre chacun », à un monde chaotique et autodestructeur. Car si tout ordre fait des mécontents et doit être constamment affiné et amélioré, il a la vertu d'éviter un désordre qui conduirait à davantage d'injustices.

Comme tu l'as deviné, ordre et liberté forment un couple paradoxal et inséparable. Si la liberté nécessite un ordre, il faut toujours avoir la liberté de changer, de modifier cet ordre. On pourrait risquer la formule : point d'ordre, point de liberté, point de liberté, point d'ordre.

La bravade illusoire

Mais revenons plus simplement à notre exemple routier, un peu trivial et caricatural, je te l'accorde, mais qui rappelle les fondamentaux.

Il est vrai que le Léon immature peut avoir la tentation de conduire comme si la route était à lui seul. Il s'est persuadé que rien n'a le droit de lui arriver, même pas d'autres usagers. Son arrogance veut même ignorer le danger pour sa propre sécurité. Il a la sensation d'être libre parce qu'il ne se plie, selon lui, à aucune obligation. Mais c'est une illusion de courte vue. Tout d'abord ce quidam n'a pas tracé la route. Son parcours ne suit donc pas son pur désir. L'ingénieur lui-même a dû tenir compte du relief et du paysage.

Mais me diras-tu, si on supprime la route et son tracé obligé, ne gagne-t-on pas en liberté ? Que nenni ! Même dans le désert, le voyageur comprend qu'il lui faut tracer sa propre route en tenant compte des obstacles naturels, de la fermeté du sol ou des points d'eau. Sa liberté n'est qu'apparente et pleine de contraintes comme celle de la pesanteur, de la déclivité, sans parler de sa propre fatigue ou de celle de son chameau, ou des limites imposées par son véhicule tout terrain.

Très vite, l'homme a compris qu'il y avait un certain soulagement à se contraindre à la piste dessinée sans sa volonté particulière. Se croire libre parce que l'on fait du hors-piste relève d'une illusion et témoigne davantage d'une recherche d'originalité et de la vanité que d'une réalité. C'est tout simplement changer de contraintes. C'est échapper aux lois humaines pour défier celles de la nature qui sont bien plus risquées et plus contraignantes.

Certes, cela peut séduire un temps l'urbain qui aime à se jouer la comédie de l'aventurier, un aventurier souvent bien « programmé » qui aimera regagner le confort du carcan de civilisé, dès que les contraintes se feront trop menaçantes.

Ainsi, la route qui permet de joindre un point à un autre, et qui, chaque fois que je l'emprunte me semble une invitation à la liberté, est en réalité le fruit de la contrainte géographique, topographique et du dessin imposé par ceux qui l'on tracée, qui eux-mêmes étaient soumis à des lois techniques et économiques.

Mais allons plus loin encore. Si j'étais Dieu - permets-moi cette supposition d'école - omniscient, et donc partout à la fois en même temps, je ne serais pas contraint de me déplacer pour aller où je ne suis pas. Etre à un endroit, c'est ne pas être ailleurs ni partout à la fois. Ainsi donc, la sensation de liberté que je peux éprouver en me déplaçant n'est due en réalité qu'à la contrainte de ma limite. Si Dieu existe, il ignore ce qu'est la liberté ; elle n'a aucun sens pour lui puisqu'il n'a pas de limite, même pas celle d'être né, c'est-dire limité dans le temps. C'est pourquoi, paradoxalement, plus la technique repousse les limites de l'humain, moins l'homme peut ressentir la liberté.

Avec le progrès constant des transports ou en cliquant tel un démiurge sur la souris de son ordinateur, il peut aller partout à la vitesse de la lumière, certes virtuellement et successivement, mais plus les obstacles tombent, moins il y a de résistance et plus il a de mal à éprouver ce sentiment de liberté et cela par l'oubli et l'accoutumance.

Le propre de l'homme semble être de ne pouvoir éprouver la sensation de liberté que parce qu'il est limité dans le temps et l'espace ou parce qu'il en a été privé. La liberté n'est donc souvent qu'une sensation, une impression par contraste, totalement liée à des limites et des contraintes parfois peu visibles.

Comme la liberté est davantage une impression toute relative qu'une réalité, c'est sans doute la raison pour laquelle elle est aussi bien dans le fait de savoir que l'on peut faire, que dans l'accomplissement lui-même.

Mais quelles que soient les victoires remportées sur

les répressions, les contraintes extérieures et intérieures, c'est par la victoire sur l'ignorance que l'on se libère. Là où la liberté s'éprouve avec le plus de bonheur, c'est quand notre conscience, fût-elle amère et aux prix d'une douleur, s'éveille à la vérité.

L'horreur est humaine

Il serait abusif de confondre l'inhumanité avec la bestialité. Le propre de l'animal est qu'il ne peut échapper à son déterminisme, il ne peut ni délibérer avant de faire, ni envisager les conséquences de ses actes, c'est-à-dire réfléchir. Il est totalement enfermé dans son acte réflexe sans la possibilité de « sortir » pour en prendre conscience. En somme, il est toujours innocent. En ce sens l'animal ne peut jamais être barbare. La barbarie serait plutôt un comportement amoral, inabouti ou dégradé, une culture abâtardie. Il faut d'ailleurs te méfier de ce mot et ne pas qualifier trop vite de barbare celui qui a tout simplement des pratiques culturelles différentes des nôtres. Mais l'animal n'a pas à décider de ses mœurs ni de sa culture, c'est un être de nature et il n'a que sa native et innocente bestialité.

Accident de la matière ou pas, héritier de mutations improbables, d'ancêtres aujourd'hui disparus, lui aussi livré à des réactions chimiques dont dépend ce qu'il appelle la conscience, il s'avère que seul l'homme a acquis la possibilité de sortir de son fonctionnement réflexe, d'avoir ce qu'on appelle un libre arbitre, c'est-à-dire d'être responsable de ses actes. C'est pourquoi il est seul à pouvoir être méchant.

Mais surtout, pour qu'il y ait cruauté, il faut être capable d'imaginer la souffrance de l'autre en la rapportant à soi ; il faut la capacité à l'empathie qui est la marque même d'une conscience.

Je viens d'assister à un accident ; quelqu'un vient de se blesser en tombant ; je porte instinctivement une main crispée sur ma propre poitrine ; j'ébauche une grimace de souffrance à son égard et je lâche tout bas : « mon Dieu, comme il a dû se faire mal ! »

Mais cette empathie qui signe notre humanité, limite aussi notre compassion. Autant se l'avouer, moins l'autre est proche de nous, moins nous pouvons nous identifier et le plaindre.

Notre miséricorde s'exerce plus aisément sur le prochain que sur le lointain. Notre amour du prochain aussi souhaitable et généreux qu'il soit contient inévitablement une part d'égoïsme et de narcissisme. Notre humanité, comme on dit, a du mal à dépasser les limites de ce qui nous ressemble. Plus les êtres sont différents ou éloignés dans le temps et l'espace moins nous pouvons éprouver de la compassion. C'est ainsi !

A tort ou à raison, on ressentira davantage la cruauté qu'il y a à égorger un mouton, à étouffer un pigeon que l'agonie d'un poisson dans la nasse du pêcheur ou la descente aux enfers de l'huître dans nos entrailles. Comme nous n'entendons pas le cri de la carotte, nous nous pensons gentils végétariens !

Mais l'animal, lui, ne peut s'identifier à l'autre, quel qu'il soit, et ne peut donc faire preuve ni de compassion, ni de cruauté ni de sadisme.

Que les éléments de la nature nous paraissent violents est une chose, mais ils ne sont jamais cruels. Certes, la tempête déracine, l'océan engloutit, le feu dévaste, le volcan détruit et le lion tue l'antilope, mais ils ne savent pas ce qu'ils font.

Seul l'homme est capable d'imaginer ce qu'il inflige à l'autre. La torture, les guerres, les camps d'exterminations sont le propre de l'homme capable de sécréter de l'inhumain.

L'esprit démoniaque de tous les bourreaux de l'histoire a bien compris que pour retrouver l'innocence animale tout en pratiquant l'horreur, il suffit de créer les conditions d'une obéissance aveugle à une machine complexe et diffuse dont chaque élément n'est qu'un simple rouage qui ne peut percevoir l'ensemble, mais surtout, d'empêcher l'empathie, c'est-à-dire la possibilité de s'identifier aux victimes.

A la guerre, l'homme sous l'uniforme de soldat perd son identité et sa liberté de sortir du rang. Il ne fait plus qu'obéir à sa nouvelle nature mécanique et il entre alors dans un fonctionnement de survie. L'autre devient pour lui un vague ennemi déshumanisé, une cible lointaine dont on fait le décompte au soir de la bataille.

Dans les camps de la mort, la division des tâches aveuglait favorablement les consciences. D'autre part, en déshumanisant les prisonniers, en supprimant tout ce qui faisait d'eux des hommes, les nazis retrouvaient une forme d'innocence sinon d'inconscience.

Comment regarder comme un de ses semblables, comment éprouver de l'empathie pour des êtres arrivés dans des wagons à bestiaux, devenus des squelettes, dépossédés de leur identité d'homme et tatoués d'un numéro abstrait.

Voltaire avait déjà dénoncé ce processus diabolique dans un article sur la Torture dans son *dictionnaire philosophique.*

Dans *si c'est un homme*, Primo Levi avait souligné la stupéfaction pour les libérateurs des camps de découvrir des hangars remplis de couverts, afin que les prisonniers soient contraints de manger comme des animaux, et confirment ainsi leur non-humanité auprès de leurs bourreaux.

Rien de plus humain que l'inhumain.

Bête et méchant

L'enfant qui crève les yeux de l'oiseau pour s'amuser ne sait pas ce qu'il fait. Celui qui fait du mal à son voisin pour se venger de quelque chose, ressemble à celui qui croirait soigner sa maladie en la contaminant aux autres. Bref, l'un est inconscient et l'autre stupide. Certes, on peut être violent sans méchanceté, par réaction réflexe, mais là encore c'est bien l'irréflexion qui est en cause.

Seul le sadique sait ce qu'il fait et peut donc vouloir être méchant. Encore que son sadisme soit moins le résultat de sa volonté libre que d'une aliénation à des causes inconscientes, à une pathologie. Cela pour te dire que si on réfléchissait, on s'apercevrait qu'il est peu de circonstances où la lucidité, l'intelligence et la connaissance des choses permettent de se montrer réellement mauvais. C'est en ce sens que Socrate avait dit que « nul n'est méchant volontairement ».

On ne devient cruel que par cécité ou parce qu'on ne sait pas voir assez loin. Cette myopie de l'âme est à la source de bien des passions cruelles. La vengeance, l'envie, la jalousie, l'orgueil ou l'intolérance surgissent parce qu'on donne trop d'importance à ce qui n'en a pas ou que l'on sous-estime ce qui n'a pas à l'être. Le malfaisant ou le malintentionné n'a pas assez relativisé l'objet de sa haine ou n'a pas assez réfléchi aux mobiles cachés qui l'incitent à faire souffrir l'autre, qu'il soit un animal ou son semblable. Un complexe insoupçonné, la peur, l'angoisse, l'inattention, la méconnaissance sont le plus souvent à l'origine de la « mauvaiseté ».

En ce sens, on n'a pas tout à fait tort de penser qu'un manque d'amour, une carence affective, une frustration de tendresse et donc de reconnaissance constituent un terreau favorable à la cruauté. Tu le vois, là encore, il peut être éclairant de lire les êtres à l'envers, de pratiquer « le gant retourné » pour mieux comprendre, ce qui ne veut pas dire excuser. Quoi qu'il en soit et comme le notait Valéry « on se venge toujours » et d'autant plus méchamment qu'on cherche à ne pas le voir ni le savoir. C'est ainsi que bien des loups se vengeront de ne pas pouvoir être des agneaux comme dans la fable. Des agneaux qui ont le privilège insupportable de pouvoir être du côté du bien, de la douceur et de la raison.

Quand je crois choisir librement de torturer ou de ne pas ménager mon semblable, au bout du compte, je ne le choisis pas réellement puisqu'il me suffirait de mieux comprendre le fonctionnement intime des êtres comme de moi-même pour réaliser le caractère dérisoire et absurde de cette noirceur. Le malveillant règle des comptes avec lui-même sans le savoir. S'il se connaissait davantage il ne pourrait se laisser aller à cette volonté de punir en l'autre, soit la faiblesse qu'il ne veut pas voir en lui-même, soit la force qu'il n'a pas le courage d'avoir.

Bien sûr, cela n'empêchera pas l'émergence de tous les Caligula. L'enseignement d'un Sénèque n'a pas réussi à enrayer la folie de Néron.

Mais les tyrans de notre histoire sont le plus souvent des cas pathologiques dont la caractéristique est justement d'être enfermés dans un délire, avec cette incapacité à pouvoir sortir, à se voir dans un miroir, ce qui ne fait que confirmer ma foi dans l'apprentissage de la réflexion malgré les inévitables ratés.

Quand on est tenté par une colère ou une violence vengeresse il suffirait en effet de se voir brutalement dans un miroir pour se sentir ridicule. Seulement voilà ! On ne peut vivre devant un miroir ce qui aurait d'ailleurs d'autres inconvénients.

Au moins est-il possible d'apprendre à réfléchir comme afin d'avoir toujours sa psyché à portée de main. On découvre alors que c'est l'ignorance des choses, des êtres comme de soi-même qui est responsable de la malignité.

On en réalise forcément la stupidité, la vanité et bientôt on ne peut plus la vouloir. C'est donc bien la bêtise qui conduit à la méchanceté quand la véritable bonté est au contraire l'expression d'un dépassement de soi. Carence de la cruauté, force de la clémence ! Pour préférer « subir l'injustice que la commettre » comme le voulait Socrate, il faut cette expérience du miroir qui permet ensuite de le traverser.

Si au bout du compte - sans angélisme ni appel à une voix divine logée en nous - c'est uniquement le plaisir et la douleur qui gouvernent nos actes, la question serait : comment éprouver un plaisir dans le bien et une douleur dans le mal ? Or ce n'est que par une conscience éclairée et libérée de ses entraves que cela peut être envisageable.

Si, comme le dit le philosophe Fichte, on n'a pas le droit de présupposer la bonté et la perfection de l'homme, on peut tout au moins parier sur sa clairvoyance.

Je sais que bien des nazis cultivés ont pourtant fait honte à leur culture et nourrissent ainsi un pessimisme confortable. Mais je veux croire, malgré Auschwitz, que la « formation du jugement » chère à Montaigne qui fait de la connaissance non pas une fin en soi mais un moyen de devenir « meilleur et plus sage », est le vaccin le plus efficace contre la tentation de la noirceur et de la méchanceté.

La véritable bonté ne peut donc jamais être fille de la bêtise qui ne peut réellement vouloir, mais d'une « tête bien faite » qui peut certes se trouver dans « un cœur simple » mais à défaut, se former par la réflexion et la connaissance.

L'histoire ne nous apprend rien

Supprime les guerres, les traités, les invasions, les colonialismes, les alliances et les trahisons, les attentats, les conjurations, les crises, en un mot toute la folie des hommes et leur impossible sagesse, que reste-t-il de ce qu'on appelle l'Histoire ? Une histoire dont le récit passionne finalement les foules et la plèbe cultivée, permet les thèses et les guerres de spécialistes, comble les jours maussades et les soirées désoeuvrées et engendre les fêtes commémoratives. Au point qu'un mauvais esprit pourrait s'exclamer : « si le Mal n'existait pas, il faudrait l'inventer ! » Je conviens que la paix serait non seulement un récit ennuyeux à mourir et n'appellerait d'ailleurs aucunement le besoin d'être racontée. De plus, un monde sans bruit ni fureur nous laisserait démunis quand on naît pour mourir sans savoir pourquoi.

Ainsi l'Histoire est à la fois l'expression de notre Misère mais aussi notre stupéfiant. Un stupéfiant d'autant plus efficace pour « divertir » les égarés que nous sommes ici-bas, qu'elle comble notre besoin d'émotions romanesques pour des destinées exceptionnelles et qu'elle est pleine de grandeurs et de misères. N'est-ce pas Monsieur Pascal !

Un éternel hier

Si l'Histoire nous apprenait quelque chose, après tant d'années, nous devrions connaître l'harmonie d'un monde enfin réconcilié. Seulement voilà, ce serait compter sans notre faculté d'oubli et d'ignorance, mais surtout sans notre besoin de passions pour échapper au vertige de l'Ennui.

Un rapide passage en revue des siècles passés te montrerait que les libérateurs ont été un jour des oppresseurs, que les victimes ont pu devenir des bourreaux, et inversement. La connaissance du passé nous apprend au moins l'ironie, et conduit naturellement au scepticisme comme à l'anti-manichéisme, ce qui, il est vrai, n'est pas un bénéfice négligeable.

Elle permet de révéler des mécanismes politiques, économiques et psychologiques, que tout est action et réaction, et peut amener à une réflexion universelle et même intemporelle sur l'homme, sur ses faiblesses et ses grandeurs, ses lâchetés et ses courages.

En effet les avancées des sciences et des techniques ne modifient pas facilement et en profondeur la psychologie humaine qui conserve ses archaïsmes. Les progrès techniques changent nos manières de faire la guerre mais ne suppriment pas l'esprit belliqueux. L'atome, l'économique et le numérique ne sont que les prêt-à-porter dernier cri d'Eros et de Thanatos. Nous avons tendance, il est vrai, à confondre le temps psychique avec le temps scientifique. Or, il arrive que la modernité high-tech côtoie et parfois même provoque des reculs car le cœur humain a ses ressacs. Et l'on découvre que l'ordinateur peut faire bon ménage avec l'obscurantisme et servir la violence primitive.

Ainsi, l'étude du passé, si elle est essentielle pour comprendre d'où nous venons, mais aussi assurer la cohésion d'un peuple, elle peut nous guider sinon vers une forme de sagesse, tout au moins vers une meilleure connaissance de l'humain.

Toutefois, si l'Histoire donne au présent et au futur les moyens d'être pensés, elle peut aussi comporter le risque de nous entraîner à lire l'actuel comme une simple reproduction d'un éternel hier, d'occulter ce qu'il peut y avoir d'inédit et nous faire « entrer dans l'avenir à reculons ».

Nous risquons alors de comparer l'incomparable avec l'illusion de maîtriser le présent comme un simple décalque du passé. Nous risquons l'anachronisme en projetant nos idées du passé sur le présent après avoir projeté nos idées du présent sur le passé : « c'est un nouveau moyen-âge ; c'est la même crise qu'en 29 ; c'est le retour des années trente ; c'est la même montée des extrémismes, c'est le retour du fascisme, le même racisme !… etc. »

La pensée historique peut conduire à un certain aveuglement et à une certaine présomption ; de celle qui pense avoir déjà tout compris du présent quand il faudrait aussi être humblement à l'écoute de la réalité avec la disponibilité du doute.

A trop vouloir conceptualiser le présent à travers la grille du passé on risque de rater son originalité, ses nuances et les possibilités pour un devenir, d'advenir.

Au commencement est la fable

En réalité, nous faisons comme si l'Histoire était la vérité du passé, comme si elle était une science exacte dont les mêmes causes devaient produire les mêmes effets. Ce travers coutumier provient de l'oubli de son origine et de sa nature, c'est-à-dire comment des faits passés en sont venus à constituer ce qu'on appelle l'Histoire qui n'est pas à confondre avec de simples faits passés pourtant attestés.

L'Histoire n'est pas une émanation naturelle, une entité qui aurait une existence par elle-même. Au risque de te choquer, l'Histoire, ça n'existe pas ; je veux dire qu'elle ne va pas de soi, mais de nous.

Que ce soit *la guerre du Péloponnèse* de Thucydide, *la guerre des Gaules* de César ou *l'Histoire de France* de Michelet, l'histoire n'échappe pas aux règles du récit et de la fable.

Elle est un produit de l'intelligence humaine qui, par une analyse rétrospective tente de mettre des liens de cause à effet, de trouver un sens à l'enchaînement chaotique des faits. Mais ce sens ne préexiste pas, il est créé par la reconstitution a postériori de l'historien qui veut faire rendre raison à ce qui resterait absurde sans cela.

L'historien donne à penser que la succession des événements n'aurait pu se produire autrement, ce qui est une illusion d'optique par le regard rétrospectif. Au fond, l'histoire nous permet d'accepter que les choses soient ce qu'elles sont parce que le récit qui introduit une nécessité dans l'enchaînement des faits efface l'insupportable contingence.

En effet lorsque l'on vit, les choses surgissent, s'entrechoquent, se mêlent, se chevauchent dans un instantané souvent confus où nous n'avons jamais conscience de ce qui est hors champ. A mesure que nous nous éloignons dans le temps, les événements pourrait-on dire se changent en rêves. « L'Esprit enfante nécessairement des époques, des êtres, des principes, des images » (Paul Valéry)

De plus, la mémoire est psychologiquement, politiquement, culturellement sélective. Je veux dire que les faits retenus par l'historien sont arbitrairement choisis et sont un peu comme les notes qu'un musicien décide d'enchaîner pour transformer une rhapsodie en mélodie. L'Histoire n'échappe donc pas aux lois de la composition et de la fiction, d'autant plus que la reconstitution est forcément influencée quand on connaît la fin.

Pas d'histoire sans sélection, sans interprétation, sans manipulation des faits plus ou moins volontaire, en harmonie avec une perspective idéologique. C'est la raison pour laquelle tout pouvoir tyrannique veut contrôler l'histoire en imposant sa version du passé.

On peut se risquer à dire que l'Histoire, telle qu'elle est écrite dans les livres, n'a jamais été réellement vécue et d'ailleurs les survivants, le plus souvent, ont du mal à y reconnaître ce qu'ils ont cru vivre. Ecrire, c'est toujours réécrire, inévitablement, avec les meilleures ou parfois les pires intentions du monde.

Un peu comme les musiciens peuvent composer des musiques différentes avec les mêmes notes, on pourrait se risquer à dire qu'il y a autant de romans du passé qu'il y a d'historiens.

Dans cette recomposition du passé qui cherche à mettre de l'ordre, à introduire une cohérence, non seulement le choix des faits retenus est nécessairement arbitraire, mais leurs conséquences auraient pu tout aussi bien être différentes ; car tu le sais, dans la vie réelle, l'infime, le presque rien peut changer le tout ; le fameux « nez de Cléopâtre s'il eût été plus court ! »

Tu dois te demander où je veux en venir avec cette déconstruction, cette démystification de l'Histoire ? J'y arrive.

Tu connais sans doute cette expression un peu pompeuse mais courante que La Fontaine utilise volontairement dans *les animaux malades de la peste* pour la dénoncer : *« l'Histoire nous apprend qu'en de tels accidents... »* Eh bien cette expression est suspecte. L'Histoire ne nous apprend rien d'autre que ce qu'on fait dire au passé ; elle ne peut donc penser à notre place. Cette « formule-perroquet » est trop souvent l'alibi de ceux qui vont chercher dans le passé ce qui les arrange, ou qui ne veulent pas se donner la peine de voir ce qu'il peut y avoir de nouveau dans la réalité présente. Il veulent au fond que rien ne change pour continuer à penser ce qu'ils ont toujours pensé et croire ainsi avoir maîtrisé à jamais les lois du monde et la Vérité. Cette façon de prendre l'histoire à témoin, d'utiliser la mémoire pour interdire à l'improbable présent d'exister, s'apparente à une paresse de l'esprit qui veut échapper au doute et à l'angoisse face à une réalité rétive et changeante qui demanderait pourtant un nouveau regard et de nouvelles armes.

La question n'est donc pas de savoir si « l'Histoire nous apprend quelque chose » mais de nous interroger davantage sur l'utilisation que nous voulons faire de la mémoire. Malgré ce qu'on aime à penser, les causes ne sont jamais exactement les mêmes comme les vagues du ressac de la mer ne sont jamais exactement identiques.

Dans notre référence régulière à l'Histoire, nous ne nous défions pas assez de notre intelligence conceptuelle qui ne peut penser le monde qu'en rendant identiques des choses qui dans le détail ne le sont pas. Au fond on ne peut penser, conceptualiser, qu'en se trompant nécessairement. Là est notre limite intellectuelle. Or cet « esprit de géométrie » peut nous égarer, si on ne lui adjoint ce que Pascal appelait « l'esprit de finesse ».

D'autre part, les mêmes causes supposées ne produisent pas forcément les mêmes effets comme pour une science exacte, tout simplement parce que l'expérience de la réalité ne se déroule jamais dans le vide ou l'asepsie d'un tube à essais.

En réalité ce n'est pas faire le procès de l'histoire que de reconnaître qu'elle participe inévitablement de l'art et de l'imaginaire ; car elle élabore à travers la plume ou la peinture des icônes, des légendes, des mythes qui rassemblent les peuples et à travers lesquels les nations trouvent leur identité. Le fameux roman national. C'est pourquoi d'ailleurs, bien plus qu'une froide vérité qui se voudrait scientifique et objective, elle a cette vertu de déclencher des passions d'agir sur les traces des grands épisodes et des grandes figures nécessairement romanesques du passé comme la Révolution, la Résistance, comme César, Auguste, Marc Aurèle, Hadrien, Jeanne d'Arc, Napoléon, De Gaulle, de mettre en mouvement les hommes d'action ; car l'action a besoin de se nourrir au sein de Clio, la Muse de la poésie épique et de l'histoire. « Les mythes sont les âmes de nos actions et de nos amours, disait Paul Valéry. Nous ne pouvons agir qu'en nous mouvant vers un fantôme ». Comme le dira aussi Régis Debray « Qui ne se raconte pas des histoires ne fera pas l'Histoire ».

Mais là comme ailleurs, tu le vois bien, s'il est important et enrichissant de se référer à l'Histoire, il est tout aussi important d'échapper à son culte fanatique, de ne pas oublier d'en sortir ici et là, pour ne pas enfermer l'avenir dans le passé, ne pas masquer ce qu'il y a d'inédit et qui appelle peut-être des réponses nouvelles.

Mais surtout, afin de ne pas sombrer dans le pessimisme de « l'Eternel retour » ou le cynisme du personnage de Tancrède dans *le Guépard* qui aime à penser que rien ne change (rien qu'une lente substitution de classes) et qu'il faut simplement s'inscrire avec opportunisme dans le cours des événements qui ne sont que l'écume de ce qui demeurera éternel.

La charité des mouches

L'année passée, Robert a connu bien du malheur, c'est pourquoi il a vu affluer des générations spontanées d'anciens malheureux qui se reconnaissaient en lui : « Ah, mon pauvre monsieur, comme je vous comprends ! Moi aussi, j'ai connu bien des déboires. Si vous saviez… ! » Il ne pouvait faire un pas sans être abordé par une foule de supporters à l'allure compassée. C'était à celui qui serait le meilleur dans cette compétition des cœurs. Certains désoeuvrés ont un nez pour repérer les affligés. René est de ceux-là. Il a la compassion ordinaire de qui pense s'intéresser à l'autre quand il ne s'intéresse qu'à lui-même. Il ne se sent à l'aise que lorsqu'il se tourne vers l'affliction des autres.

On pourrait penser que René est un être accablé qui a bien du mal à courtiser le bonheur et que c'est pourquoi la peine des autres le console un tant soit peu de la sienne. On pourrait croire que sa malchance est une fidèle compagne qui lui fait fuir les heureux. Pourtant, René n'a rien d'un infortuné, mais seul le malheur lui fait battre le cœur. Plaindre est pour lui la meilleure façon de considérer son prochain. Ses amis sont de la famille élargie des accidentés de la vie.

Il se sentait proche de Robert l'année dernière quand ce dernier était dans une grande misère ou comme on dit, au fond du trou.

Il ne sait pourquoi, mais sa tristesse l'attirait car au royaume des éprouvés il se sent chez lui. Il venait boire à sa détresse ce curieux breuvage qui donne l'ivresse compassionnelle.

Depuis que Robert s'en est sorti et que le bonheur se lit sur son visage, René se sent moins fraternel et surtout moins nécessaire.

La souffrance de Robert était comme un miroir concave où René se voyait beau dans le partage.

Et puis, il y a dans les pleurs quelque chose qui donne de la profondeur et même de la beauté et attire comme un vertige devant l'abîme.

Au contraire, si la joie est communicative, elle est comme un trop-plein qui n'a pas besoin d'être comblé davantage, et le visage épanoui de Robert est alors comme un miroir sans tain dans lequel René ne voit plus son propre reflet.

Lui qui était si proche de son ami quand il était dans le besoin, se sent comme un amant trompé par son entrain et il serait presque jaloux de cette chance qui lui vole sa place.

Le bonheur, il est vrai, demande un partage et un écho plus difficile à donner. L'alacrité de Robert demande à René de s'oublier car la véritable générosité est de se réjouir pour l'autre et non pour soi.

Si je t'ai parlé de ces deux comparses, c'est que René ne fait qu'illustrer la nécessité de renverser l'idée selon laquelle « c'est dans la peine que l'on juge ses vrais amis ».

Certes, il est important de pouvoir compter sur ses amis quand la malchance nous frappe, mais le malheur n'est pas toujours un juge intègre de l'amitié. Se mêle à la cohorte des compatissants ceux qui viennent pleurer sur eux-mêmes ou faire les généreux, un peu comme ces insectes qui prolifèrent sur les matières en décomposition.

Un vieil ami provocateur appelait cela « la charité des mouches à merde ». L'expression est un peu violente mais n'est pas sans quelque vérité.

Se réjouir du bonheur de l'autre est la véritable magnanimité. C'est pourquoi il me semble que l'on vérifie davantage la bienveillance de nos amis lorsqu'ils aiment sincèrement à partager nos réussites et nos joies.

Sortir, tu le vois, c'est faire prendre l'air à bien des « pensées-perroquets » dans lesquelles se reflète et se complaît inévitablement le monde. L'habitude est une ennemie qui nous fait du bien.

Cela dit, il peut y avoir aussi beaucoup de vérité dans les proverbes. Des formules toute faites comme : « les conseilleurs ne sont pas les payeurs », « chassez le naturel il revient au galop » ou « qui se ressemble s'assemble », peuvent se vérifier.

Toutefois, il peut être bon de ne pas y entrer « tête baissée » et de nuancer le chant de nos cacatoès !

La lobotomie heureuse

Comment ne pas aimer la musique ? Je suis même un peu jaloux de son pouvoir bien supérieur à celui des mots. Contrairement aux autres arts, sa force est de pouvoir se passer du recours à la représentation ; elle nous touche directement sans le détour par la forme et la matière.

Si le peintre cherche à traduire une émotion, à suggérer une présence, il est contraint d'avoir recours à des choses de ce monde, à des objets qui sont forcément entachés de sens préalables qui entravent la pureté du message. Même la peinture abstraite qui tente de se libérer de la représentation d'objets doit en passer par un minimum de forme et de couleur. Certains minimalistes ont même tenté de pousser ce désir de l'épure jusqu'à la toile blanche et vide, comme s'ils voulaient échapper à la prison de notre relativité.

La musique, au contraire, nous touche sans intermédiaire ; elle est pure de tous présupposés, vierge de tous préjugés qui collent inévitablement aux choses d'ici-bas. Elle nous met en prise directe avec ce qui est indicible et irréductible à quoi que ce soit. Elle a ceci d'absolu et de divin qu'en elle est préservée à chaque instant l'intégrité du possible.

Son immatérialité la prédispose naturellement à l'élévation spirituelle. Elle peut traduire ce dont la parole ne peut parler. Elle rétablit l'unité de notre être. Avec elle, le corps pense et l'esprit danse. Dès les premières notes et les premières mesures, la joie, l'extase ou les pleurs, tous nos émois se sentent chez eux. La musique épouse, porte et transporte si fidèlement nos émotions qu'elle semble avoir une intimité profonde avec le rythme du cœur comme avec notre système sympathique. Elle a ce pouvoir magique de rassembler, de faire communier des êtres que tout oppose, cette vertu ironique de faire danser le bien avec le mal, de rendre dérisoire et la guerre des idées et les mots qui séparent.

Avec les avancées de la technologie, elle est devenue si accessible qu'elle est omniprésente dans nos vies, et cela est un progrès qui n'est pas pour me déplaire.

Mais un mail que j'ai reçu récemment d'un ami est venu jeter une ombre et m'a laissé perplexe au point d'éprouver le besoin de te le confier.

« Mon cher mélomane,
tu as eu raison de me conseiller d'écouter davantage de musique, car je vais beaucoup mieux depuis que je vis constamment avec elle. C'est comme une révélation ; je suis entré en elle comme on entre en religion ; elle est entrée en moi et je ne sors jamais plus sans elle. Non seulement elle adoucit les mœurs, comme on dit, mais elle m'a guéri de l'inquiétude.

Je ne te parle pas de la musique un peu triste, la musique des grands-pères où l'on prend des grands airs compassés dans des salles de concert un peu guindées. Je ne te parle pas des Chopin ou des Schubert qu'il faut écouter comme à la messe sans bouger une oreille ; je te parle de celle qui remplit les ondes et fait danser le monde.

Cette musique-là, tu n'es pas obligé de t'arrêter pour l'écouter, elle n'est pas exigeante. Elle ne t'impose pas le recueil, elle te cueille ! Que ce soit avec mon iPhone ou mon vieil MP3, elle m'accompagne partout.

Le matin, elle m'éveille dans mon radio-réveil, je me douche en chantant, je déjeune en battant la mesure. Si le temps est beau, je pars en rollers ou sur ma trottinette avec mon casque branché. Si le temps est mauvais, je prends la voiture et la musique démarre dès que je mets le contact. Tu me verrais aux feux-rouges et dans les embouteillages, je danse sur mon siège, je tape sur le volant, je « karaokette » à tout va, je me surprends à donner de la voix sans pudeur et sans vergogne. Ce n'est plus une voiture, c'est une console, que dis-je, une table de mixage ; et quand les basses font vibrer la carrosserie, pour un peu, je me prendrais pour David Guetta. Je cherche la complicité des regards, je me découvre sociable et généreux, moi qui étais plutôt sauvage, et j'ai envie de faire danser la rue entière en baissant ma vitre.

Je me suis même découvert un goût nouveau pour les manifestations, qu'elles soient militaires, syndicales ou politiques, du moment qu'elles empruntent à la kermesse ou à la ducasse cette jubilation musicale.

Le numérique comme l'informatique vont si bien avec la musique que je ne me sens plus jamais seul et les mauvaises pensées ne me tourmentent plus.

Quand je travaille au bureau, mon PC la diffuse, je fais mes courses en cadence et le dimanche, pendant mon jogging ou sur mes patins, je surfe sur le monde. Je profite enfin des avantages de la ville sans entendre le bruit que font les hommes. Dans le métro, je suis là sans y être, je retrouve le plaisir que pouvaient procurer les films muets. Je les vois courir, se presser au rythme de ma musique, mais leur voix ne m'atteint plus. La présence humaine ni ne m'importune ni ne m'importe. Au contraire, elle m'amuse et me distrait. Pour un peu, je me mettrais à aimer mon prochain.

Même la campagne ne me pèse plus avec ses vides et ses silences. Je ne risque plus de tomber en moi-même, au contraire, je m'éclate ! Je suis enfin débarrassé de ce qu'on appelle « la vie intérieure » et de toutes ces foutaises qui me tourmentaient. C'est bon pour les masos, les cénobites ou les frustrés !

Je suis à l'affût des derniers albums et du moindre concert ; j'attends avec impatience la techno-parade et la gay-pride, toutes les fêtes de la musique et ses Victoires !

Ma vie se passe à flotter avec une légèreté que je ne soupçonnais pas. Parfois même, je me dis que le monde pourrait s'écrouler, je ne l'entendrais pas ; c'est merveilleux ! »

L'imbécile malheureux

Robert est toujours amer, il n'y a selon lui rien à faire, tout est condamné avant même d'avoir commencé. La vie est pour lui un accident dont il se serait passé. C'est un inconvénient d'être né. Il ne se réjouit ni des baptêmes ni des mariages mais serait volontiers de tous les enterrements. La joie des autres le désespère et les moments de liesse augmentent sa tristesse parce qu'il reconnaît déjà dans ce qui est, la marque de ce qui bientôt ne sera plus. Ses décisions sont à l'avance entachées de remords et ses abstentions de regrets. Tout commencement est pour lui le signe d'une fin, et naître pour mourir est une farce tragique, un fardeau qu'on feint de prendre pour un cadeau. Notre passage sur terre est aux yeux de Robert un calvaire nécessaire où chacun aura sa peine et son heure. L'espérance d'un jour construit le désespoir du lendemain, c'est une question de temps, mais chacun à son tour.

Pour lui, l'existence est une impasse et nos agitations ressemblent à celles des insectes attirés par ce qui éblouit, qui brûle, ou qui pue. Trompés par leur illusion d'optique ils se cognent sans cesse contre la vitre en se croyant libres. A les voir ainsi s'épuiser pour atteindre dieu sait quoi ou pour trouver une impossible issue et à défaut de pouvoir leur ouvrir la fenêtre, il lui viendrait l'envie d'abréger leurs souffrances.

Pour Robert, l'homme est une aventure éphémère et sans solution. Le bien finit par accoucher du mal et inversement. Il ne croit ni que l'humanité progresse ni à toutes ces fadaises. Pour lui, rien ne changera jamais. Ce que l'on croit gagner d'un côté on le perd de l'autre. Il n'y a pas d'avancée sans recul. Les progrès techniques ne font que retarder l'inéluctable ou précipiter la chute. Ils augmentent surtout la vanité de l'homme et décuplent les dégâts de ses erreurs et de son imbécillité.

Robert est un être curieux car on se demande parfois s'il n'éprouve pas un certain plaisir à son pessimisme. On ne sait plus s'il a perdu le goût d'agir par désespoir ou s'il désespère pour ne rien avoir à faire. On a la sensation que sa détresse sert sa paresse.

Quoi qu'il en soit, le résultat est qu'il en devient paranoïaque,

« *Et parfois il* lui *prend des mouvements soudains*
De fuir dans un désert l'approche des humains »

A la moindre difficulté il y reconnaît sa mauvaise destinée et il ne cherche pas à lutter. A quoi bon se démener contre l'adversité, tout est ligué contre lui ! Il a trouvé sa raison d'exister en cultivant son martyre. C'est une victime offerte qui doit payer pour les autres, il s'en est persuadé.

On se demande même s'il ne fait pas tout pour échouer et confirmer par là ce qu'il a envie de croire. S'il a le malheur de se sentir bien il se demande déjà ce qui va lui tomber et qui va payer. Etre heureux à ses yeux est une faute qui doit un jour se solder. D'ailleurs, comment peut-on parler de bonheur quand tout nous menace !

Si un virus traîne il va l'attraper ; s'il envoie un courrier il va s'égarer ; si le temps est beau, il aura trop chaud ; si le soleil brille, ce sera l'insolation ; s'il décide une sortie il aura droit à la pluie ! Alors il ne tente plus rien, contracte toutes les assurances possibles, met sa ceinture de sécurité pour entrer sa voiture au garage mais ce n'est jamais assez. Sa télé peut imploser, son lit peut casser, le plafond s'effondrer, la terre trembler. C'est un rabat-joie qui fait le désert autour de lui. On le fuit comme la peste et ses amis pensent qu'il porte la poisse. La mouette qui se laisse aller est pour sa tête, le chien qui s'est abandonné sur la chaussée, c'est forcément pour ses pieds. Mais n'allez surtout pas lui dire que cela porte bonheur, ou vous le verriez se fâcher. Il a perdu sa gaieté et son sens de l'humour en oubliant d'exercer sa liberté et sa volonté.

A force de prévenir le pire, de le précéder, il a comme une intimité avec le malheur et semble en effet le provoquer. Dans sa vie, c'est un peu comme avec les bancs publics où il est marqué « peinture fraîche ». Il a envie de toucher pour s'en assurer et « paf » le voilà maculé !

Il vérifie souvent ce qu'il n'a pas voulu éviter ou ce qu'il a occasionné mais il ne voudra jamais l'admettre. A ses yeux, rien n'arrive par sa volonté libre, tout est commandité par la fatalité.

A la moindre résistance du réel il est découragé, lève les yeux aux nues pour saluer la volonté divine comme un acteur tragique. Mais le plus souvent il marche la tête baissée en craignant tout du ciel et en maudissant la terre qui se dérobe sous ses pieds. Il guette l'instant où la météo, la Bourse ou les impôts vont achever de l'assassiner.

Le pessimisme de Robert est l'expression de sa fatigue d'exister. Il s'est laissé gagner par cette paresse de la pensée qui fait qu'on ne saurait vouloir. Et puis, il est trop préoccupé de sa personne pour imaginer que tout ce qui se produit dans ce monde ne s'intéresse pas uniquement à lui. Mais voilà, Robert est encombré et aveuglé par l'importance qu'il s'est donné, c'est pourquoi il tombe souvent dans un délire de persécution. Son désespoir est le fruit de son égocentrisme. Son pessimisme est un plaisir d'impuissance, une lâcheté confortable face aux efforts à faire – il est vrai si peu récompensés – pour sauver le sauvable et par lesquels cependant l'humain demeure un animal acceptable.

L'imbécile heureux

René a une fois pour toute chassé la morosité. Il a décidé de sourire à la vie, de se réjouir quoi qu'il arrive. Il se veut optimiste. Il y a trouvé un tel confort moral qu'il fera tout pour maintenir son positivisme. Cela le rend d'emblée sympathique et sa jovialité est donc souvent recherchée. On le sent prêt à tout accepter et à tout pardonner. Rien ne peut lui enlever son alacrité. C'est là sa générosité, du moins le croit-il, mais aussi sa faiblesse. Plus d'un s'est déjà joué de sa naïveté et sa candeur favorise souvent bien des malheurs.

Selon lui il n' y a jamais de mal. Aussi a-t-il décidé de prendre tout du bon pied et de ne regarder les êtres et les choses que du bon côté en négligeant le fâcheux. Il « traite du même air l'honnête homme et le fat », il trouverait des qualités au diable et pour garder sa gaieté il embrasserait l'adversité. On peut lui marcher sur les pieds, le spolier ou l'exploiter, il trouve toujours une raison pour se dire que c'est bien ainsi. Son expression favorite est : « il faut positiver ! »

Si quelqu'un le dépouillait injustement de tous ses biens et de ses vêtements, il finirait par se dire que c'est bon pour l'hygiène et qu'après tout les camps nudistes ont du bon.

Bref, on peut tout lui faire et tout lui dire, son alchimie mystérieuse transforme la boue en or, la servitude en liberté, le mal en bien.

C'est pourquoi il ne voit dans la guerre que la beauté des défilés militaires, la lutte du bien contre le mal, l'occasion de découvertes et d'avancées techniques, ou le moyen pour les hommes de devenir des héros. Il accueille la nouveauté comme tout ce qui vient avec une ferveur enthousiaste et ne voit que des avantages à la modernité. D'ailleurs, son allégresse n'est-elle pas le prix de son éternelle jeunesse ! La vigilance et l'esprit critique donnent à ses yeux trop de rides.

A le voir si satisfait et si plein de sérénité face aux imperfections de ce monde, pour un peu, on le croirait philosophe. Il est vrai que laisser passer l'orage, attendre le soleil pendant la pluie ou se dire qu'on fait un bon régime quand on n'a rien à manger sont des façons sages de conjurer les petits désagréments de l'existence.

Seulement, à force de penser que tout ce qui arrive a du bon ou que tout va forcément s'arranger, chacun aura compris que René cultive la cécité et la passivité.

L'acharnement à croire que tout va bien quand tout est au plus mal encourage son fatalisme, lui fait perdre son désir d'agir et sa liberté.

Au lieu de lutter, au lieu d'essayer de corriger les imperfections du monde, René cherche à les effacer.

Quand la réalité vient démentir ce qu'il a décidé de croire, au lieu de s'interroger, il détourne la tête ou essaye de justifier l'injustifiable. Il se force à accepter l'inacceptable pour ne pas remettre en cause sa douce croyance ; là est sa culpabilité.

Ce serait un martyr heureux comme tous ces suppliciés et tous ces sacrifiés au nom d'une belle idée. L'histoire est pleine de candides trompés, d'optimistes morts au champ d'horreur avec la fleur au fusil.

Il aime à espérer qu'un jour, ou dans un autre monde, tout cela s'arrangera, que les derniers seront les premiers, mais pendant ce temps rien ne s'arrange ici bas car René ne veut pas voir. Pour un peu on le croirait complice du mal et même masochiste. En réalité son optimisme est une façon de se protéger, de ménager son petit bonheur coûte que coûte, un masque de son égoïsme, l'alibi de sa paresse.

Tu l'auras sans doute compris ; que ce soit le pessimisme de Robert ou l'optimisme de René, tous deux conduisent au même aveuglement dans leur excès. L'optimisme fanatique de René est aussi désespérant que le pessimisme foncier de Robert.

Ce que j'essaie de te dire à travers ces deux spécimens, c'est qu'il peut être enrichissant là encore de sortir des oppositions sectaires. La véritable espérance me semble passer par un pessimisme de lucidité et un optimisme de la volonté. Souligner les travers pour mieux les amoindrir à défaut de pouvoir les supprimer. Une ardeur certes, mais clairvoyante et mesurée qui refuse de céder au « tout va bien » comme au « tout va mal » et agit pour tenter d'équilibrer le plateau de la balance invisible.

EPILOGUE

Mon île Xiphos

Moi aussi je rêve parfois d'une île où les habitants se livreraient tous les matins à une gymnastique silencieuse de l'esprit ; une ablution mentale en somme qui nettoierait leurs pensées avant d'entrer dans leurs occupations et leurs rôles quotidiens. Ils feraient défiler virtuellement un chapelet de quelques pensées fondamentales sur des domaines qui leur auraient été enseignés plus complètement au cours de leur éducation. Elles se limiteraient au nombre de 7 :

1 - La première pensée serait : « Memento mori » (souviens-toi que tu meurs) non pas pour désespérer mais prévenir toutes les formes de folies et mieux cueillir le bonheur-du-jour.

2 - La deuxième pensée serait pour un télescope et un microscope qui rappellent humblement aux infinis des étoiles et des atomes.

3 - La troisième pensée serait pour le sourd et l' aveugle qui relativisent l'évidence de ce qu'on appelle « la réalité ».

4 – La quatrième pensée serait pour Dame amnésie qui dit combien la mémoire façonne notre fragile présence au monde.

5 – La cinquième pensée serait pour mère Nature qui est un « doux guide » quand les vanités risquent

d'égarer, et en particulier pour « la mer toujours recommencée » qui initie au mouvement perpétuel du monde comme au bonheur infini du jeu des possibles.

6 – La sixième pensée serait pour une contrée ou une civilisation lointaine qui disent combien ce qui est « vérité ici est mensonge au-delà ».

7 – La septième et dernière pensée serait pour la paléontologie et la biologie qui apprennent que tout est mutations improbables, que « le monde a commencé sans l'homme » et que notre humanité est une construction toujours précaire et menacée si nous ne la défendons pas.

La journée pourrait alors commencer avec cette capacité à l'émerveillement que donne la véritable humilité. Car l'orgueil ou la vanité sont les véritables ennemis. C'est la complaisance des parvenus qui veulent oublier leurs origines.

Une fois que ces quelques pensées auraient défilé dans leur esprit, ils se donneraient le loisir de pouvoir être « bêtes » le reste de la journée, je veux dire qu'ils pourraient se livrer aux activités sociales les plus sérieuses comme aux plaisirs les plus simples sans le risque d'un « aller sans retour ». Savoir qu'on fait « la bête » permet à la fois de mieux en jouir, tout en se ménageant toujours une sortie de secours. Car il est bon que chacun ait sa part de légèreté, mais une légèreté consentie. Comme le disait Nietzsche, « il faut que soyons heureux, de temps en temps, de notre folie, pour pouvoir demeurer heureux de notre sagesse ». En ce sens, il y a une de ses formules qui résumerait parfaitement la pratique de mes insulaires :

« les Grecs étaient superficiels... à force de profondeur !... »

Quand les contraintes et les agacements de la journée risqueraient de prendre trop d'importance, ils auraient en eux de quoi relativiser toute survalorisation de ce qui n'est toujours que factuel, accidentel et au fond peu essentiel.

Cet exercice régulier agirait à la manière d'un vaccin contre les mauvais sérieux, les agressions, les aliénations, les idées fixes, les passions destructrices et les sectarismes de tous ordres. Il aurait la vertu d'un disjoncteur cérébral quand une surchauffe surviendrait face aux aléas de l'existence.

Je devine que mon île Xiphos a de quoi te faire sourire ! Je sais bien que tout cela n'est qu'imagination et qu'une telle île n'existe que dans mon esprit. Cependant les utopies ne sont pas seulement faites pour rêver. Comme les étoiles inaccessibles, elles peuvent aider à tracer notre route. Et puis, si j'ai pensé à te parler de cette île, c'est qu'il m'a toujours semblé que la terre était comparable à une île, et l'humain que nous sommes à un Robinson sidéral et sidérant. Que nous étions un peu comme ces naufragés de l'espace et du temps dont parlait Pascal, « qu'on aurait emportés endormis sans savoir qui nous y a mis et ce qu'on y est venu faire ».

Seulement voilà, notre tentation est de croire que nous sommes un point d'achèvement de l'univers et de faire comme si exister n'avait rien d'étonnant ni d'incroyable.

Je sais qu'une certaine lucidité qui nous libère de toutes les fables peut être difficilement soutenable. Mais alors, comment éviter de croire nous apaiser dans des certitudes et des fanatismes qui nous précipitent plus efficacement encore vers notre propre destruction ? Comment vivre à la fois sans désespoir et sans faux espoirs ? La porte est étroite entre l'angoisse et les vanités.

A trop pratiquer des sorties spirituelles, il est vrai, nous prenons le risque du mépris et du détachement au point de ne plus pouvoir entrer à nouveau dans nos comédies humaines qui ne sont pas sans avantages.

Mais au contraire, si nous entrons définitivement dans nos jeux de rôles afin de ne plus risquer d'en sortir, nous courons avec ébriété vers tous les précipices.

Dans mon île, « sortir pour entrer » est un aller - retour régulier qui évite d'un côté, l'indifférence d'un « dehors » stérile, et de l'autre, la vanité d'un « dedans » sectaire.

De même que la marche est faite de déséquilibres successifs, « sortir pour entrer » est une démarche, instant après instant, entre détachement et engagement, un exercice de souplesse contre toutes les formes de raideur et de crispation, une sorte de seconde nature qui n'empêche pas les blessures de l'existence mais évite qu'elles colonisent avec disproportion toute la disponibilité de notre être à l'amour et à la passion de faire.

« Sortir pour entrer » permet de sublimer l'amère lucidité en une jubilation active et éclairée qui accepte le doute comme le mystère extraordinaire de l'existence, sans chercher ni à l'évincer ni à le vêtir de nos attributs « trop humains ».

« *On devrait honorer davantage la pudeur avec laquelle la Nature se dissimule derrière ses énigmes et ses impénétrables incertitudes* »

Je partage cet avis de Nietzsche pour mon île Xiphos.

Il me souvient qu'enfant j'étais d'autant plus émerveillé par les tours de magie que rien ne pouvait les expliquer. Tel est le pouvoir magique de l'amour et de la vie. Il y a d'autant plus de poésie et d'amour de vivre qu'il y a de mystère et d'incertitude.

Une incertitude fondamentale en tout domaine qui s'appuie cependant sur des hypothèses, des axiomes, des postulats, c'est-à-dire sur des contingences aussi nécessaires qu'éphémères ; un dialogue permanent entre nos racines et nos ailes, entre tradition et modernité, entre conservation et transformation. Déconstruire pour mieux construire, sortir pour mieux revenir.

Voilà peut-être pourquoi j'ai éprouvé le besoin de te parler de mon île. Il m'a semblé que « sortir pour entrer » était une modeste incantation de l'île Xiphos qui pouvait t'aider à maintenir, jour après jour, une fraîcheur matinale quand la fatigue peut conduire à des certitudes crépusculaires.

« *J'aime l'homme incertain de ses fins comme l'est, en avril l'arbre fruitier* »

René Char

Table des matières

EPILOGUE

Philosophie

aux éditions L'Harmattan

Dernières parutions

L'ALIÉNATION DANS LA *PHÉNOMÉNOLOGIE DE L'ESPRIT*
Foufas Nikos
Cet ouvrage propose une lecture méthodique de la place centrale et des sens multiples de l'aliénation et de l'extériorisation dans la *Phénoménologie de l'esprit* de Hegel. Quelle est la place de ces notions dans l'oeuvre majeure du philosophe allemand ? L'auteur tente ainsi de mettre l'accent tantôt sur l'aspect et l'enracinement profondément social-historique de ces deux notions.
(Coll. Ouverture Philosophique, 25.00 euros, 334 p.)
ISBN : 978-2-343-11884-0, ISBN EBOOK : 978-2-14-003476-3

DELEUZE, PHILOSOPHE DES MULTIPLICITÉS
Sous la direction de Franck Jedrzejewski et Jean-Clet Martin
Le recueil de textes présentés ici reprend l'hommage organisé pour le vingtième anniversaire de sa mort, le 4 novembre 2015 au Lycée Henri IV. Ils témoignent de l'effort toujours renouvelé des philosophes pour saisir la pensée deleuzienne. Rassemblés dans cet ouvrage, ils offrent une contribution majeure aux études deleuziennes.
(Coll. Ouverture Philosophique, 22.50 euros, 208 p.)
ISBN : 978-2-343-11811-6, ISBN EBOOK : 978-2-14-003453-4

LA HAINE – Est-elle si haïssable ?
Oulahbib Lucien-Samir
«La répulsion est la première forme de la conscience de soi-même», avançait Marx. Ce qui peut se traduire par un mouvement de rejet à des fins de préservation de soi. Mais cela n'empêche pas d'être attiré par l'autre, ce qui d'ailleurs renforce notre originalité. Attraction et répulsion s'articulent ainsi en vue de nous forger une identité. Le fait de se mettre à distance du monde, de s'en distinguer, ne signifie cependant pas de s'en séparer, de l'annihiler, de devenir «haineux».
(Coll. Commentaires philosophiques, 10.00 euros, 64 p.)
ISBN : 978-2-343-11668-6, ISBN EBOOK : 978-2-14-003494-7

L'IRAN AUTREMENT
Des conflits philosophiques à l'iconophobie
Rokoee Reza
Ce livre entreprend une analyse de la pensée philosophique en Iran et propose une lecture de quelques problématiques actuelles. L'ouvrage offre un aperçu de

l'histoire des idées en Iran moderne et contemporain et s'intéresse notamment à la question de l'iconoclasme à travers un syndrome qualifié d'iconophobie.
(Coll. L'Iran en transition, 31.00 euros, 310 p.)
ISBN : 978-2-343-09220-1, ISBN EBOOK : 978-2-14-003393-3

JE EST UN AUTRE
L'art contemporain en Chine & en France
Sous la direction d'Éric Bonnet et Qing Chen
«Je est un autre». Cette déclaration d'Arthur Rimbaud en 1871 vient troubler nos définitions traditionnelles de l'identité, des pratiques poétiques et de la création artistique. Des artistes chinois et des théoriciens français ont réfléchi aux enjeux actuels de cette déclaration révolutionnaire. Dans le nouveau contexte interculturel, entre l'art occidental et l'art extrême-oriental, une réflexion sur l'identité et l'altérité permet alors d'explorer les possibilités du soi et de construire une possible identité partagée dans le domaine de l'art contemporain.
(Coll. Eidos série Retina, 13.50 euros, 116 p.)
ISBN : 978-2-343-11776-8, ISBN EBOOK : 978-2-14-003446-6

JUSTICE EN TANT QUE LOI, JUSTICE AU-DELÀ DE LA LOI
Hobbes, Derrida et les Critical Legal Studies
Tunc Utebay Serpil - Préface de Martine Leibovici
Cet ouvrage donne une place importante à l'idée de la justice selon deux philosophes : selon la théorie de Thomas Hobbes elle est prise dans un cercle entre la loi, le souverain et la violence, tandis que, pour Jacques Derrida, elle ne doit pas être limitée à la loi. L'intention de l'auteure, n'est pas d'apporter une nouvelle théorie, mais de montrer qu'une idée philosophique peut avoir une influence en politique ou en droit selon les propositions des Critical Legal Studies.
(Coll. La philosophie en commun, 27.00 euros, 262 p.)
ISBN : 978-2-343-11471-2, ISBN EBOOK : 978-2-14-003515-9

LE MANIFESTE DES ESPRITS LIBRES
Granarolo Philippe
L'un des pires effets des attentats djihadistes est de déformer notre regard. Envahissant l'espace médiatique, jeunes radicalisés et auteurs d'attentats-suicides tendent à nous faire oublier que la religion a disparu de l'horizon de la plupart d'entre nous. C'est à la majorité indifférente aux croyances religieuses que cet essai donne enfin la parole, car, en effet, les citoyens sans religion demeurent le plus solide rempart contre tous les intégrismes.
(Coll. Questions contemporaines, 18.50 euros, 174 p.)
ISBN : 978-2-343-11752-2, ISBN EBOOK : 978-2-14-003506-7

MARCHER
Écouter ce que nos pas nous disent
Essai
Lefebvre Gérard
Page après page, et pas après pas, cet ouvrage est une invitation à écouter ce que nos pas nous disent. Écouter ce qu'ils disent de nous, de notre corps et de nos

pensées. Ce qu'ils nous disent aussi de l'état du monde, de nos certitudes, de nos aspirations et de nos limites. Somme toute, un prétexte pour se laisser aller à deviser le long des chemins.
(22.00 euros, 216 p.)
ISBN : 978-2-343-11547-4, ISBN EBOOK : 978-2-14-003401-5

MISE EN SCÈNE D'UN CORPS PERFORMATIF
Entre identité & altérité
Chen Qing - Préface d'Éric Bonnet
L'enjeu de la représentation en images du corps et l'utilisation du propre corps de l'artiste comme support de création est une réaction à l'échec communicationnel contemporain. Le dispositif artistique peut-il déjouer, pour un moment au moins, la puissance d'aliénation qui veut que l'on se conforme à une certaine idée du corps, à ce «corps social» ? Peut-il permettre une certaine construction identitaire ? Montrer le portrait, l'autoportrait et le corps de différentes façons, manipuler ces codes permettent à l'artiste de réfléchir sur sa propre identité dans une société, tout en interrogeant la relation du «soi» au «nous».
(Coll. Eidos série Retina, 20.50 euros, 206 p.)
ISBN : 978-2-343-11119-3, ISBN EBOOK : 978-2-14-003450-3

L'ORIGINE DU RIRE
Discours comique et imaginaire
Essai d'analyse sémantique du mécanisme comique
Gavriloff Georges
Le rire obéit toujours à un mécanisme sémantique immuable niché dans les profondeurs du discours. Le comique passe par une pluralité de significations potentielles et se complaît à créer des émotions positives ou des réactions négatives. Il ne laisse pas indifférent. Sa fonction, au sein du langage, reste communicationnelle : communication avec les autres, mais aussi volonté de compréhension et de paix sociale. Cette étude nous fait découvrir la véritable porte d'entrée qu'est le comique dans l'univers social.
(Coll. Ouverture Philosophique, 19.00 euros, 182 p.)
ISBN : 978-2-343-11466-8, ISBN EBOOK : 978-2-14-003357-5

PAUL RICŒUR
Image de Dieu : Origine et déchéance (Tome 1)
Seo Hyejeong
Avant-propos d'Olivier Abel
Dans un de ses rares textes proprement théologiques, intitulé «L'image de Dieu et l'épopée humaine», essentiel dans l'étude critique de sa pensée, le philosophe Paul Ricœur réfléchit à l'image et à la signification de l'homme. Reprenant l'idée que le sujet humain, fait à l'image de Dieu, est un être solidaire, dynamique et responsable, il le montre à la fois «individuel et collectif». Ce premier ouvrage est consacré au concept de l'image de Dieu et de sa déchéance, à la question du bien et du mal.
(Coll. Ouverture Philosophique, 29.00 euros, 288 p.)
ISBN : 978-2-343-11452-1, ISBN EBOOK : 978-2-14-003373-5

PAUL RICŒUR
Image de Dieu : Rédemption et Eschatologie (Tome 2)
Seo Hyejeong
Attaché au thème de l'homme individuel et collectif, Paul Ricoeur étend le concept de l'image de Dieu aux trois ordres institutionnels de l'économique, du politique et du culturel. Il élabore une synthèse harmonieuse entre le principe de la Création et celui de la Rédemption dans le domaine collectif et social. Cette conviction motive son engagement social dans une perspective progressiste. Cependant, il réserve l'achèvement de la rédemption à la fin du monde. Ce second volume permet d'ouvrir un nouvel horizon à l'éthique sociale et à l'histoire eschatologique.
(Coll. Ouverture Philosophique, 22.50 euros, 220 p.)
ISBN : 978-2-343-11766-9, ISBN EBOOK : 978-2-14-003374-2

LE POSITIVISME DE DAVID HUME
Ayissi Lucien
Établir que l'empirisme de David Hume est la formulation philosophique anticipée du positivisme qu'Auguste Comte va systématiser au XIXe siècle, tel est le dessein de l'auteur de cet ouvrage. En effet, sous l'influence de John Locke et, dans une certaine mesure, de Georges Berkeley, David Hume repense la philosophie de la connaissance de manière à bien baliser le terrain épistémologique sur lequel se sont aisément déployés non seulement le positivisme de Comte, mais aussi et surtout le néopositivisme que le Cercle de Vienne a élaboré de telle sorte qu'Alain Boyer puisse, à juste titre, considérer ses membres comme «les fils de Hume».
(Coll. Éthique, politique et science, 26.50 euros, 254 p.) *ISBN : 978-2-343-11457-6, ISBN EBOOK : 978-2-14-003430-5*

POUR UNE APPROCHE STRATÉGIQUE DES ESPACES POLITIQUES
Essai de philosophie politique
Cova Hans
Comment repenser l'action collective et l'unité des luttes à l'intérieur d'un contexte géopolitique aussi instable qu'incertain ? «Une approche stratégique des espaces politiques» ne signifie pas l'abandon de l'espace national. Elle exige une réflexion active se réalisant aux niveaux local, national, international. Résolument internationaliste, cette démarche n'est pas sans dessiner une nouvelle figure de la citoyenneté, fondée sur l'émancipation humaine.
(Coll. Ouverture Philosophique, 17.50 euros, 162 p.)
ISBN : 978-2-343-11704-1, ISBN EBOOK : 978-2-14-003391-9

L'HARMATTAN ITALIA
Via Degli Artisti 15; 10124 Torino
harmattan.italia@gmail.com

L'HARMATTAN HONGRIE
Könyvesbolt ; Kossuth L. u. 14-16
1053 Budapest

L'HARMATTAN KINSHASA
185, avenue Nyangwe
Commune de Lingwala
Kinshasa, R.D. Congo
(00243) 998697603 ou (00243) 999229662

L'HARMATTAN CONGO
67, av. E. P. Lumumba
Bât. – Congo Pharmacie (Bib. Nat.)
BP2874 Brazzaville
harmattan.congo@yahoo.fr

L'HARMATTAN GUINÉE
Almamya Rue KA 028, en face
du restaurant Le Cèdre
OKB agency BP 3470 Conakry
(00224) 657 20 85 08 / 664 28 91 96
harmattanguinee@yahoo.fr

L'HARMATTAN MALI
Rue 73, Porte 536, Niamakoro,
Cité Unicef, Bamako
Tél. 00 (223) 20205724 / +(223) 76378082
poudiougopaul@yahoo.fr
pp.harmattan@gmail.com

L'HARMATTAN CAMEROUN
TSINGA/FECAFOOT
BP 11486 Yaoundé
699198028/675441949
harmattancam@yahoo.com

L'HARMATTAN CÔTE D'IVOIRE
Résidence Karl / cité des arts
Abidjan-Cocody 03 BP 1588 Abidjan 03
(00225) 05 77 87 31
etien_nda@yahoo.fr

L'HARMATTAN BURKINA
Penou Achille Some
Ouagadougou
(+226) 70 26 88 27

L'HARMATTAN SÉNÉGAL
10 VDN en face Mermoz, après le pont de Fann
BP 45034 Dakar Fann
33 825 98 58 / 33 860 9858
senharmattan@gmail.com / senlibraire@gmail.com
www.harmattansenegal.com